최애로 거듭나는 고전 읽기

최애로 거듭나는 고전 읽기
『프랑켄슈타인』, 『멋진 신세계』, 『페스트』

초판 1쇄 발행 2025년 5월 9일

지은이 이현강, 유미경
펴낸이 장길수
펴낸곳 지식과감성⁺
출판등록 제2012-000081호

교정 김지원
디자인 오정은
편집 오정은
검수 이주연, 정윤솔
마케팅 김윤길

주소 서울시 금천구 벚꽃로298 대륭포스트타워6차 1212호
전화 070-4651-3730~4
팩스 070-4325-7006
이메일 ksbookup@naver.com
홈페이지 www.knsbookup.com

ISBN 979-11-392-2596-9(13800)
값 16,700원

- 이 책의 판권은 지은이에게 있습니다.
- 이 책 내용의 전부 또는 일부를 재사용하려면 반드시 지은이의 서면 동의를 받아야 합니다.
- 잘못된 책은 구입하신 곳에서 바꾸어 드립니다.

지식과감성⁺
홈페이지 바로가기

『프랑켄슈타인』『멋진 신세계』『페스트』

최애로 거듭나는 고전 읽기

― 이현강 · 유미경 ―

잠재력을 실력으로 바꾸는 독서 훈련

다양한 관점으로 되읽으며 깊이 있는 독서를 하자.
가치와 쟁점을 찾아 삶과 세계로 확장하고 서로 견주어 보자.
말과 글을 다듬고 매만져 명료한 사고를 하는 사람이 되자.

목차

『프랑켄슈타인』

『멋진 신세계』

『페스트』

생각이 즐거운 독서 활동

겉보기
활동에 앞서 책을 읽은 느낌과 떠오른 생각을 자유롭게 이야기 나눈다.

알아보기
작품 이해를 돕기 위해 작가와 작품의 창작 배경, 작품의 시대·사회적 배경 등에 대해 살펴본다.

속보기
작품을 읽고 내가 이해한 것을 중심으로 정리한 후 작품 이해를 돕는 주요한 활동을 한다.

깊이보기
작품을 몇 가지 다른 각도에서 바라보고, 그 관점이나 범주를 중심으로 내용을 깊이 이해하는 활동을 한다.

같이보기
최대한 많은 질문을 해 보고, 함께 이야기 나눌 질문을 선정한다. 다양한 방법으로 토의·토론 활동을 한다.

넓게보기
작품의 상황이나 문제를 현실로 확장하여 생각하고 탐구해 본다.

내면화
지금까지의 활동을 바탕으로 생각을 정리하고 논설문을 작성한다. 서평으로 활동을 최종 마무리한다.

생각이 즐거운 독서 활동 01

『프랑켄슈타인』

Frankenstein

들어가기 전에

정확한 이유를 설명하기 어렵지만 청소년 시절 '이 소설은 무서운 소설이다'라고 생각하던 책이 몇 권 있습니다. 대표적으로 『지킬 박사와 하이드 씨』, 『파리대왕』, 『1984』 그리고 『프랑켄슈타인』 등이 그것입니다. 그 시절 이 소설들이 무섭다고 생각하게 된 데에는 이 소설들을 원작으로 하여 만든 영화나 영상의 영향이 있었을 것입니다. 처음부터 끝까지 제대로 영화를 본 것은 아니지만 이상하게도 특정 몇몇 장면에 대한 기억들이 머릿속에 강하게 남아 있었습니다. 그 영상들은 대부분 어두운 무채색 느낌의 화면에 무서운 소리를 내는 인물들이 등장했고 어딘지 모르게 불안하고 음산한 배경이었습니다. 그중에서 『프랑켄슈타인』과 관련 있는 기억은 인간처럼 보이기는 하지만 인간이라고 할 수 없는 커다랗고 기괴한 모습을 한 괴물의 모습이었습니다. 영상 속 괴물은 난폭하고 잔인했으며 짐승처럼 소리 내고 인간과 소통이 불가능한 존재였습니다. 인간에게 두려운 존재인 괴물은 그 자체로 공포였던 것으로 기억합니다.

소설 『프랑켄슈타인』의 괴물은 영화나 매체의 그것과는 상당히 다릅니다. 소설 속 괴물은 이성적인 존재입니다. 자연의 이치를 알아 가고 언어를 배워 신과 인간에 대해 이해합니다. 자신의 외모가 사람들에게 두려움을 줄 것이라는 사실을 알지만 자신의 존재를 드러내고 이러한 자신을 이해하고 받아 줄 수 있는 공동체를 바랍니다. 책 속에 묘사된 괴물의 외모는 영상 속 모습보다 더 기괴하고 섬뜩하지만 괴물의 선택과 행동은 설득력이 있으며 자신의 반려자를 만들어 달라는 요구는 독자로 하여금 정당성을 고민하게 만듭니다.

프랑켄슈타인은 신의 영역에 도전한 인물이었습니다. 그리고 도전의 대가는 참혹했습니다. 그는 자신이 창조한 괴물 앞에서 공포를 느끼고 도망치는 것으로 자신의 피조물을 방치해 버립니다. 호기심과 욕망이 학문과 만나 만들어진 결과는 스스로 감당할 수 있는 것이 아니었습니다. 그는 자신이 만들어 낸 결과 앞에서 두려워했습니다. 그리고 동시에 과학자의 책무에 대해서도 고민했습니다. 이러한 모습은 오늘날 우리의 모습과 비슷해 보이기도 합니다. 그렇다고 『프랑켄슈타인』이 과학기술 문제만을 다루고 있는 것은 아닙니다. 프랑켄슈타인과 괴물의 대화를 통해 인간이란 어떤 존재인지에 대한 질문을 던지고 월턴의 행보를 통해 인간의 도전과 정복에 대해 다시 생각하게 합니다. 아름답고 장엄하게 묘사된 자연은 그 자체로 경이로운 존재라는 것을 책을 읽는 내내 기억하게 만듭니다.

『프랑켄슈타인』은 유명한 고전이지만 명성에 비해 이 책을 정독한 사람은 생각보다 많지 않은 것 같습니다. 아직도 적지 않은 사람들이 괴물의 이름을 '프랑켄슈타인'이라고 알고 있는 경우가 있으니 말입니다. 더구나 지금 우리는 프랑켄슈타인이란 말을 더 이상 소설에서만 만나지 않습니다. 뉴스나 매체에서는 인간의 예측을 뛰어넘어 비약적으로 발전하는 과학기술을 말하거나 기술이 인간의 통제 밖으로 벗어날지 모른다는 불안함을 말할 때, 그리고 인간이 만든 인공지능의 능력과 인간의 역할에 대해 의문을 제기할 때 종종 프랑켄슈타인을 언급합니다. 그뿐만 아니라 생명공학의 발전과 창조의 관계를 논할 때도 어김없이 프랑켄슈타인이 등장합니다. '프랑켄슈타인 콤플렉스', '프랑켄슈타인 약물', '프랑켄슈타인 미라' 등 수많은 의미의 프랑켄슈타인을 다양한 영역에서 끊임없이 만나고 있습니다. 이러한 상황에서 제대로 책을 읽고 프랑켄슈타인을 만나는 것은 점점 더 어려워질지도 모르겠습니다.

시대가 변하고 기술이 발전할수록 관련된 문제들이 새롭게 등장하는 것은 당연합니다. 그러나 우리는 이러한 문제들을 충분히 고민하거나 논의하지 못했습니다. 기술 발전의 속도는 인간의 예상을 뛰어넘었고 예전에는 생각하지 못했던 과학기술 이면의 문제들을 우리는 끊임없이 목도하고 있습니다. 1818년 출간된 『프랑켄슈타인』에서 제기하고 있는 질문들은 앞으로도 여전히 유효합니다. 자연, 인간, 공동체, 과학, 인공지능, 생명공학 그리고 금기의 영역으로 여겨지던 것에 대한 도전까지 우리가 치열하게 고민해야 하는 문제들이 담겨 있기 때문입니다. 그리고 우리도 이 책을 읽고 이러한 질문에 대해 치열하게 고민해야 할 것입니다.

활동 목표

1. 작가와 작품의 시대·사회적 배경에 대해 알 수 있다.
2. 사건의 전개를 파악하고 내용을 간추릴 수 있다.
3. 각 인물의 특성과 성격을 이해하고 분석할 수 있다.
4. 여러 관점으로 작품의 메시지를 파악하고, 생각을 글로 쓸 수 있다.
5. 작품의 문제 상황을 현실의 문제로 확장하여 탐구할 수 있다.

활동 내용

겉보기	1. 첫 느낌 나누기	13
	2. 『프랑켄슈타인』의 이미지나 고정 관념 이야기하기	13
알아보기	1. 작가와 작품의 창작 동기 이해하기	16
	2. 고딕 소설과 갈바니즘 알아보기	19
속보기	1. 작품의 내용 간추리기	24
	2. 등장인물 이해하기	25
	3. 작품에 대한 이해를 낱말과 문장으로 표현하기	27
	4. 주요 문장을 옮겨 쓰고 이유 밝히기	28
깊이보기	1. 부제(副題) ― 근대의 프로메테우스 이해하기	31
	2. 시작 부분을 읽고 추론하기	32
	3. 인물 분석하기	33
	4. 다양한 관점으로 추론하기	39
	5. 갈등을 파악하고 쟁점 찾기	41
같이보기	1. 토의·토론 주제 선정하기	44
	2. 원탁 토론 경험하기	45
넓게보기	1. 『프랑켄슈타인』을 미디어와 다른 작품에 견주어 보기	50
	2. 프랑켄슈타인 콤플렉스	53
	3. 미래 사회와 『프랑켄슈타인』 ― 인공지능과 호모 데우스	55
내면화	1. 논설문 쓰기	61
	2. 서평 쓰기	64

『프랑켄슈타인』

『프랑켄슈타인』 1818년 출간

1818년 초판본이 출간된 『프랑켄슈타인』은 이후 1831년 개정판이 출간되었다. 인간의 창조물이 등장하는 공포 SF 소설로 분류되기도 한다. 원작의 인기에 힘입어 여러 차례 영화로 만들어졌으며, 대부분의 영화에서 강렬한 외모를 가진 괴물이 등장했고 이러한 영상은 괴물 이미지를 특정한 형태로 고정시켰다.

> "기억하라, 당신이 나를 당신 자신보다
> 더 강력하게 창조했다는 것을."
>
> 『프랑켄슈타인』 문학동네 132쪽

작품에서 괴물이 프랑켄슈타인에게 한 이 말은 이후 과학 발전을 향한 경고로 해석되기도 한다.

2009년에는 『전쟁과 평화』 『1984』 등과 함께 뉴스위크 선정 '역대 세계 최고의 명저 100'에 선정되었다.

겉보기

느낌

경험

장면

제사(題詞)

▶ 겉보기 ◀

1. 첫 느낌 나누기

메리 셸리의 소설 『프랑켄슈타인』
제2판(1831년)의 속표지 그림

◆ 책을 읽고 난 후 처음 느낀 감정은 무엇이었나요? 자신이 느낀 감정을 나누어 봅시다.

2. 『프랑켄슈타인』의 이미지나 고정 관념 이야기하기

◆ 이 책을 읽기 전 여러분이 알고 있던 프랑켄슈타인은 어떤 이미지였나요? 책을 읽고 난 후 달라진 점이 있나요?

◆ 『프랑켄슈타인』을 읽으면서 기억에 남는 장면이나 문장을 찾아 함께 이야기해 봅시다.

◆ 다음은 『프랑켄슈타인』의 첫 부분에 등장하는 문장으로 존 밀턴의 『실낙원』에 나오는 내용입니다. 이 문장의 의미가 무엇이라고 생각하나요? 또 작가가 이 말을 처음에 넣은 이유가 무엇이

라고 생각하는지 의견을 나누어 봅시다.

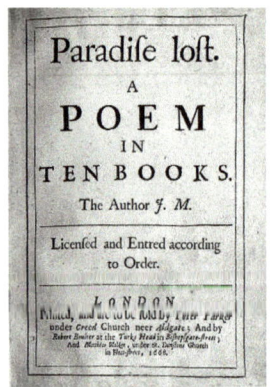
초판의 속표지(1668년)

아담과 하와를 그린 그림(출처: CH북스)

제가 청했습니까?

창조주여, 흙으로 나를 인간으로 빚어달라고?

제가 애원했습니까, 어둠에서 끌어 올려달라고?

-『실낙원』

알아보기

메리 셸리
창작 동기
고딕 소설
갈바니즘

▶ 알아보기 ◀

지금부터 『프랑켄슈타인』을 이해하는 데 도움이 되는 배경에 대해 알아보겠습니다.

I. 작가와 작품의 창작 동기 이해하기

① 메리 셸리(Mary Shelly 1797. 8. 30.~1851. 2. 1.)

'프랑켄슈타인'이라고 하면 한 번쯤은 들어 봤고, 또 대중매체 속에서 무서운 괴물로 혹은 색다른 캐릭터로 익숙하게 보아 왔다. 그러나 오늘날 우리가 접하는 『프랑켄슈타인』은 원작과 꽤 거리가 있다. 괴물(피조물)을 창조한 프랑켄슈타인이 괴물로 알려질 정도로 원작과는 다른 내용으로 확대·재생산되어 왔기 때문이다. 이 과정에서 원작과 작가 메리 셸리는 대중들에게서 일정 부분 소외되었다. 그런데 2018년 『프랑켄슈타인』 탄생 200주년을 맞아 영화 「메리 셸리: 프랑켄슈타인의 탄생」이 개봉하면서 원작의 내용과 작가에 대한 관심도 커졌다.

영화 《메리 셸리: 프랑켄슈타인의 탄생》

메리 셸리는 영국 무정부주의의 선구자이자 급진 정치 사상가였던 윌리엄 고드윈과 『여성 권리의 옹호 A Vindication of the Rights of Woman』를 쓴 메리 울스턴크래프트 사이에서 태어났다. 시대를 앞서갔던 두 지식인은 열렬한 사랑에 빠졌고, 이 사랑의 결실이 메리였다. 그러나 메리는 어머니의 사랑을 경험하지 못했다. 어머니가 출산 후 산욕열로 메리를 낳은 지 열하루 만에 숨을 거두었기 때문이다. 4살 무렵 아버지는 재혼했고, 돈독하고 특별했던 부녀 관계를 질투했던 새어머니는 메리를 잘 돌봐 주지 않았다. 자신의 친딸은 기숙학교로 유학 보내면서도 메리는 학교에 보내지 않았다. 메리는 가정교사를 통해 글을 배우고 아버지의 서재에서 혼자 책을 읽어야 했다. 메리는 아버지가 소장한 많은 책들을 탐독했고 아버지와 당대 지식인들이 나누는 대화를 어깨너머로 들으며 성장했다.

어려서부터 공상과 이야기 짓는 것을 좋아했던 메리는 11살 무렵, 찰스 디브디의 5연 노래 「마운시어 농통포 *Mounseer Nongtongpaw*」를 4행시 39연으로 개작해 고드윈 청소년 문고로 출간했다. 이 판본은 1830년에 재출간될 정도로 큰 인기를 끌었다.

열다섯 살이던 1814년, 메리는 아버지의 젊은 제자 퍼시 비시 셸리를 만나 사랑에 빠졌고 열여섯 생일을 얼마 앞두고 둘은 프랑스 파리로 떠나 동거를 시작했다. 그러나 둘의 유랑 생활은 평탄치 않았다. 당시 퍼시 비시 셸리는 유부남이었고 그의 아내는 임신 중이었다. 결혼을 몇 주 앞두었을 때 셸리의 아내가 자살했고, 메리의 동복 언니 또한 자살했다. 메리가 낳은 다섯 아이(다섯째는 사산했다.) 중 네 아이가 죽었고, 1822년 남편 셸리마저 스페치아만에서 요트를 타고 항해하던 중 갑작스러운 돌풍을 만나 익사하는 불운을 겪었다.

남편이 죽은 후 여러 남성 작가들이 메리에게 사랑을 고백했지만 받아들이지 않았고, 남은 생을 아버지와 아들을 돌보며 살았다. 1848년 뇌종양이 발병하여 1851년 53세의 나이로 사망했고, 부모님과 함께 묻어 달라는 유언을 남겼다.

『프랑켄슈타인 또는 현대의 프로메테우스 *Frankenstein: Or The Modern Prometheus*』는 1818년에 출간, 개작하여 1831년에 재출간되었다. 이 외에 『마지막 사람 *The Last Man*』(1826), 『로도어 *Lodore*』(1835), 『포크너 *Falkner*』(1837) 등 다수의 소설 작품과 여행기를 남겼다.

② 창작 동기

『프랑켄슈타인』은 바이런의 제안이 있었던 1816년 6월에 집필을 시작해 1818년 1월에 영국에서 익명으로 출간되었다. 당시는 여성 작가의 창작 활동이 자유롭지 못한 시대였다. 여성은 어려서는 부모에게 자라서는 남편에게 귀속되는 삶을 사는 것이 당연하게 여겨졌고, 법적 권리를 지닌 존재도 아니었다. 끔찍한 공포와 대단한 상상력을 보여 준 작품이 19살 여성의 작품이라는 것을 세상은 쉽게 받아들이지 않았다. 이미 저명한 시인이었던 남편의 서문을 달고서야 익명으로 출간할 수 있었고, 출간 이후에는 남편의 작품이 아니냐는 의혹에 찬 시선을 줄곧 받아야 했다.

이런 상황에서 1831년에 '스탠더드 노블스(Standard Novels)' 시리즈의 아홉 번째 작품으로 『프랑켄슈타인』이 선택되면서 출판사에서 새롭게 서문을 써 줄 것을 요청했다. 메리 셸리에게는 그

동안 자세히 밝히지 못했던 소설의 탄생 배경을 설명할 좋은 기회가 생긴 것이다.

> "어떻게 내가, 당시에 젊은 아가씨였던 내가 그토록 섬뜩한 착상을 하게 됐고, 그것을 소설로 쓰게 됐는가?"

1816년 여름, 스위스를 방문한 메리와 남편 퍼시 비시 셸리는 바이런 경과 이웃해서 지내게 되었다. 부부는 아름다운 시를 써내는 바이런의 영향으로 같이 글 쓰는 작업을 하게 되었다.

그해 여름은 습하고 우중충했다. 끊임없이 내리는 비 때문에 며칠씩 집에 갇혀 있는 날이 많았다. 이때 프랑스어로 번역된 독일의 유령 이야기 몇 권을 함께 읽게 되었다. 바이런 경과 그의 주치의였던 폴리도리, 메리와 남편, 이렇게 네 사람이었다. 바이런 경이 "우리 각자가 괴담을 쓰는 겁니다."라는 제안을 했고, 함께 있던 사람들이 받아들였다. 시인이었던 바이런과 남편은 산문 쓰기에 크게 흥미를 갖지 못해 일찍 쓰기를 포기했고, 폴리도리는 뭔가 충격적이고 옳지 못한 어떤 것(단편 「뱀파이어」, 최초의 뱀파이어 소설)을 쓰다가 그만두었다. 한편 메리는 이야기를 생각해 내느라 여념이 없었다.

> 우리 본성의 알 수 없는 두려움을 자극해서 소름 끼치는 공포를 일으키는 그런 이야기. 독자로 하여금 두려워서 주위를 돌아보게 만들고, 간담을 서늘하게 하고, 맥박이 빨라지게 만드는 이야기를 만들고 싶었다. 그 정도가 되지 않는다면 나의 괴담은 괴담이라고 불릴 가치가 없을 것이다.

바이런 경과 남편이 대화할 때 열렬한 경청자였던 메리는 어느 날 두 사람이 '생명 원리의 본질'과 그것이 발견되고 알려질 가능성에 대해 토론하는 것을 듣게 되었다. 두 사람은 다윈의 실험(에라스무스 다윈, 신비한 수단으로 국수 가락이 저절로 움직일 때까지 보관하는 실험을 했다는 소문)에 대해 이야기하고 있었고, 메리는 생명이 그런 식으로 주어지지는 않을 것이라 생각했다. 이때 생명체를 구성하는 부분을 만들어 조립하여 생명에 온기를 부여하는 갈바니즘을 떠올렸다.

이 대화가 있었던 밤, 메리는 평소의 공상보다 훨씬 생생하고, 연속적인 영상들이 머릿속에서 펼쳐지는 것을 경험한다.

불경스러운 기술을 지닌, 얼굴이 창백한 학생이 자기가 조립한 것 옆에서 무릎을 꿇고 있었다. 몸을 뻗고 누운 남자의 소름 끼치는 환영이 보이는가 싶더니 이어서 아주 강력한 엔진의 작용으로 생명의 징후를 보이며 불편하게, 반쯤 살아 있는 듯 꿈틀거렸다. 무시무시하지 않겠는가. 인간의 어떤 노력의 결과가 이 세계를 창조한 조물주의 엄청난 메커니즘을 조롱하게 된다면 그 무엇보다 무서울 것이기 때문이다. 그 예술가는 자신의 성공에 겁을 집어먹고 혐오스럽고 소름 끼치는 작품에서 도망친다. 그는 그것을 혼자 내버려둔 채 자신이 불어넣은 가녀린 생명의 불꽃이 사라지기를 소망한다. 그렇게 불완전한 생명을 받은 것이 죽은 물질로 돌아가기를, 그가 생명의 요람이 되리라 기대했던 소름 끼치는 시체의 덧없는 존재가 무덤의 고요 속에 영원히 덮일 거라고 믿으면서 마음 편히 잘 수 있기를 바란다. 그는 잠든다. 그러나 누군가가 그를 깨운다. 그는 눈을 뜬다. 그리고 본다. 침대 옆에, 커튼을 젖히고 노랗고 축축하면서도 생각에 잠긴 듯한 눈으로 자신을 바라보는 무시무시한 존재를.

이날의 환영은 쉽게 지워지지 않고 그녀를 괴롭혔고, 문득 자신의 괴담이 떠올랐다. '그거야! 내가 무서우면 다른 사람도 무서울 거야. 이제 한밤중에 머리맡을 떠나지 않던 그 장면을 묘사하면 돼.' 다음 날 메리는 자신이 이야기를 생각해 냈음을 발표하고 쓰기 시작했다.
"을씨년스러운 11월의 어느 밤이었다." 첫 문장은 이렇게 시작된다.

1831년 출간한 『프랑켄슈타인』의 서문 발췌·편집

2. 고딕 소설과 갈바니즘 알아보기

① 고딕 소설(Gothic fiction, Gothic novel)

고딕 소설은 18세기 후반에서 19세기 초반까지 유럽에서 유행한 낭만주의 소설의 한 양식이다. 여기서 낭만주의는 지난 이성의 세기 동안 억눌려 온 인간 감정의 해방과 인간의 상상력에 제동을 걸었던 규칙과 규율, 관습에서 벗어나 자유롭고자 하는 인간의 열망이 표출된 문학의 한 흐름이다. 이러한 이성과 합리 밖의 감정과 욕망 그리고 자유라는 낭만주의적 정서가 오래된 중세의 고딕 건축물이 풍기는 음산하고 불길하면서 사람을 압도하는 분위기와 결합하여 긴장과 공포를 주는 이야기가 탄생하게 된 것이다.

고딕 건축은 로마네스크 이후 르네상스에 이르는 12~15세기 중세 유럽을 대표하는 건축 양식이다. 빅토르 위고의 소설 『노트르담 드 파리』(1831년)에 등장하는 노트르담 대성당, 쾰른 대성당, 랭스 대성당, 밀라노 대성당 등이 고딕을 대표하는 건축물에 속한다. 피라미드처럼 층층이 솟아오른 첨탑과 넓은 스테인드글라스와 그 사이로 스며드는 빛, 내부의 회화와 다양한 금속 세공은 성당을 화려하고 웅장하게 만든다. 그러나 그 화려함과 웅장함은 세월의 풍파를 겪으며 음산하고 기괴한 느낌으로 변질된다. 작가는 이런 성당이나 수도원을 배경으로 악마와 흡혈귀, 저주와 악몽에서 비롯되는 공포가 지배하는 이야기를 만들어 낸다.

프랑스의 노트르담 대성당

초기 고딕 소설로는 호레이스 월폴의 『오트란토성 The Castle of Otranto, a Gothic Story』(1764), 래드클리프 부인의 『우돌포의 신비 The mysteries of Udolpho』(1794), 『이탈리아인 The Italian』(1797), 19세기 들어서는 『프랑켄슈타인 Frankenstein』(1818)을 비롯하여 폴리도리의 『뱀파이어 The Vampyre』(1819), 애드거 앨런 포의 『어셔가의 몰락 The Fall of the House of Usher』(1839), 『지킬 박사와 하이드 씨 The Strange Case of Dr. Jekyll and Mr. Hyde』(1886), 헨리 제임스의 『나사의 회전 The Turn of the Screw』(1898) 등 공포나 괴담으로 알려진 많은 작품들이 고딕 소설로 불리거나 고딕적 요소를 내포하고 있다.

또한 뮤지컬 작품으로도 유명한 『레베카』나 샬럿 브론테의 『제인에어』, 에밀리 브론테의 『폭풍의 언덕』 등은 여성과 여성의 집을 중심으로 펼쳐지는 음울하고 기괴한 서사를 담으면서 여성 고딕 소설로 따로 불리기도 한다. 이들 작품은 오늘날 실비아 모레노-가르시아의 『멕시칸 고딕 Mexican Gothic』(2020)처럼 더욱 자유롭고 독립적인 여성의 모습으로 새롭게 탄생하기도 하였다.

현대에 들어 고딕 소설은 중세적 배경이 아니어도 섬뜩하고 무시무시한 분위기와 어두운 인간 내면을 보여 주는 작품들을 아우르는 의미로 폭넓게 이해되는 경향이 있다.

『프랑켄슈타인』은 외부와 차단된 공간에서 홀로 시체를 꿰매어 생명을 창조한다는 기이한 발상과 등장인물의 소외된 욕망을 표현했다는 점 등에서 고딕적이다. 그러나 당시의 과학적 이론을 반영하고 과학에 대한 인간의 새로운 인식과 문제의식을 드러냈다는 점에서는 고딕 소설을 뛰어넘어 '과학 소설'의 시대를 연 작품으로 평가되기도 한다.

 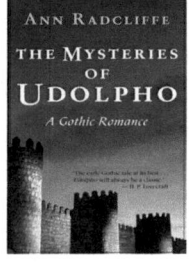   

　　『오트란토성』　　　『우돌포의 신비』　　　『드라큘라』　　　『지킬 박사와 하이드 씨』　　　『나사의 회전』

② 갈바니즘

　　메리 셸리가 작품을 구상하던 중 떠올린 갈바니즘은 이탈리아의 해부학자이자 생리학자인 루이지 갈바니(Luigi Aloisio Galvani, 1737~1798)에 의해 탄생한 이론이다. 그는 개구리를 이용한 실험에서 생물의 몸 자체가 전기를 발생시키며, 몸에 금속을 대면 경련이 일어난다는 것을 알아냈다. 이 실험 결과를 바탕으로 몸에서 생산된 전기가 자극 전달이나 근육 수축에 이용되고 있다고 발표했다. 여기에 그치지 않고 그는 '죽은 사람에게 전류를 흘리면 다시 살아날 수 있다'는 데까지 생각이 미쳤다고 한다. 이런 갈바니의 이론은 조카 알디니에 의해서 본격적으로 실험이 이루어졌다.

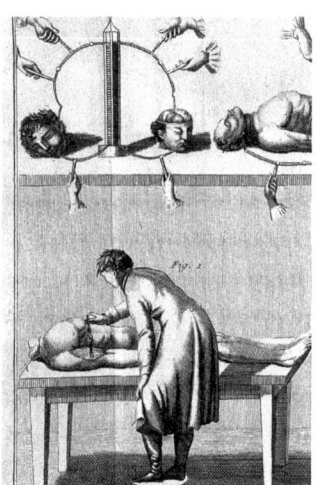

알디니의 시체 실험

　　알디니는 동물 실험을 넘어 죽은 사람의 사체도 직접 실험했다. 당시는 해부학이 매우 인기 있었고, 사람의 사체를 실험하는 것이 불법도 아니었다. 사형수의 사체가 해부대 위에 오르는 일은 잦은 일이었다. 1803년 알디니는 교수형을 당한 사형수 조지 포스터의 사체에 전류를 흘려 넣었다. 실험 중에 사체는 눈을 뜨거나 팔을 들고 주먹을 쥐는 등의 반응을 보였다고 한다.

"사망한 사형수의 턱이 떨리면서 얼굴 근육 전체가 끔찍하게 뒤틀리기 시작했다. 한쪽 눈꺼풀이 열렸다. 실험이 계속 진행되자 오른손이 올라갔고 다리와 허벅지가 움직였다."라는 기사가 『타임즈』(영국)에도 실렸다.

이러한 실험들은 유행처럼 행해졌고, 메리 셸리가 떠올린 공포스러움은 상상이나 판타지에 그치는 것이 아니라 시체 조각들이 전기 자극으로 되살아나 움직이고 돌아다닐지 모른다는 실제적이고 현실적인 공포였을 것이다.

속보기

간추리기
등장인물
낱말과 문장
옮겨 쓰기

▶ 쪽보기 ◀

지금부터 작품의 흐름과 작품을 이끌어 가는 인물을 파악해 봅시다.

I. 작품의 내용 간추리기

작품의 내용을 어떤 방법으로 간추릴 수 있는지 생각해 봅시다. 그 가운데 하나를 선택하여 작품의 줄거리를 써 봅시다.

인물 중심	사건 중심	시간 흐름	

2. 등장인물 이해하기

주요 등장인물을 떠올려 보고 각 인물의 특징과 인물 사이의 관계에 대해 생각해 봅시다.

◆ 등장인물을 중요한 순서대로 정리해 보세요.

등장인물	특징

◆ '프랑켄슈타인'과 주변 사람들, '괴물'과 오두막 사람들의 관계가 지닌 특징을 정리해 봅시다. 이들 관계가 프랑켄슈타인과 괴물에게 어떤 영향을 주었는지도 간략히 써 보세요.

	프랑켄슈타인과 주변 사람들	괴물과 오두막 사람들
특징		
영향		

◆ 죽음을 맞은 인물을 순서대로 떠올리고 각 인물이 죽게 된 원인은 무엇인지 써 보세요.

등장인물	원인

3. 작품에 대한 이해를 낱말과 문장으로 표현하기

책을 읽고 떠오르는 낱말을 중심으로 활동해 봅시다.

◆ 책을 읽고 떠오르는 낱말을 자유롭게 써 보세요.

◆ 자유롭게 떠올린 낱말 중에서 중요하다고 생각하는 낱말을 골라 보세요. (6개 이상)

◆ 위 낱말을 활용하여 이 책을 설명하는 문장을 만들어 보세요.

번호	낱말	문장으로 표현하기
1		
2		
3		
4		
5		
6		
7		

◆ 작품의 주제어라고 할 만한 것은 무엇인가요?

◆ 위 낱말을 넣어 작품을 표현하는 문장을 만들어 보세요.

번호	낱말	문장으로 표현하기
1		
2		
3		
4		
5		
6		
7		

4. 주요 문장을 옮겨 쓰고 이유 밝히기

지금부터 이 책의 주요 문장에 대해 정리해 보겠습니다. 인상 깊은 문장과 핵심 문장을 옮겨 쓰고, 이유를 정리해 보세요.

(　　쪽)	
이유	

(　　쪽)	
이유	

(　　쪽)	
이유	

깊이보기

프로메테우스
작품의 시작
인물 분석
관점
갈등과 쟁점

▶ 깊이보기 ◀

I. 부제(副題) – 근대의 프로메테우스 이해하기

FRANKENSTEIN; or, THE MODERN PROMETHEUS.

『프랑켄슈타인』의 또 다른 제목이
『근대의 프로메테우스』인 까닭은 무엇일까?

『프랑켄슈타인』을 지을 당시 메리 셸리와 함께였던 바이런과 남편 셸리는 모두 프로메테우스와 연관된 테마의 시를 지었다. 그리스 신화에서 프로메테우스는 인간을 창조하고 인간을 위해 신들의 불건인 불을 훔쳐 인간에게 줌으로써 인류와 인류의 문명을 탄생시킨 불멸의 존재이다. 프로메테우스는 거신족(巨神族) 티탄의 일원이었다. 프로메테우스('먼저 생각하는 사람'의 뜻)와 동생 에피메테우스('나중에 생각하는 사람'의 뜻)는 인간을 만들고, 인간과 그 밖의 다른 동물들에게 살아가는 데 필요한 모든 능력을 부여하는 임무를 맡고 있었다. 에피메테우스가 이 일을 해내면 프로메테우스가 그 결과를 점검, 감독하게 되어 있었다.

피터 폴 루벤스의
「Der gefesselte Prometheus」

프로메테우스는 땅에서 떼어 낸 흙을 물로 반죽하여 신의 형상과 비슷한 인간을 만들고, 직립(直立)할 능력을 주었다. 그래서 다른 동물은 모두 얼굴을 밑으로 향하고 지상을 바라보는데 인간만은 얼굴을 하늘로 향하고 별을 바라보게 되었다.

에피메테우스는 온갖 동물에게 용기, 힘, 속도, 지혜와 날개, 손톱과 발톱, 딱딱한 껍질 등을 나누어 주었다. 이윽고 만물의 영장이 될 인간에게 무엇인가를 주어야 할 차례가 되었다. 그러나 줄 선물이 하나도 남지 않았다. 그는 형 프로메테우스에게 달려가 도움을 청했다.

프로메테우스는 아테나의 도움으로 하늘로 올라가 태양의 이륜차에 있는 불을 자기 횃불에 옮겨 붙여 그것을 인간에게 주었다. 이 선물 덕분에 인간은 다른 동물보다 월등히 뛰어난 존재가 되었다. 왜냐하면 인간은 이 불을 이용하여 무기를 만들어 다른 동물을 정복할 수 있었고, 도구를 만들어 토지를 경작할 수 있었기 때문이다. 게다가 불로 거처를 따뜻하게 하여 기후가 다소 추운 곳에서도 살 수 있었고, 나아가서 갖가지 기술을 개발하는 한편 상거래의 수단인 화폐를 만들 수 있었기 때문이다.

 이후에도 프로메테우스는 인류의 편에 서서 제우스가 인류에게 노했을 때 인류를 위해 이를 중재하고, 인류에게 문명과 기술을 가르쳤다고 한다. 이는 제우스의 의지에 반하는 것이었으므로 제우스의 분노를 샀다. 제우스는 그를 코카서스산 위의 바위에 쇠사슬로 묶어 놓았다. 독수리가 와서 그의 간을 파먹었는데 간은 파먹힐 때마다 새로 돋아났다. 이와 같이 고통스러운 프로메테우스의 형벌은 만약 그가 자진해서 제우스에게 복종을 맹세하기만 하면 언제라도 끝날 수 있는 고통이었다. 왜냐하면 그는 제우스 왕위의 안전에 관한 비밀을 알고 있었는데, 만약 그가 그것을 제우스에게 귀띔만 해주어도 곧 제우스의 태도가 달라졌을 것이기 때문이다. 그러나 그는 그런 짓을 하는 것을 경멸했다. 그래서 그는 부당한 수난에 대한 영웅적인 인내와 압제에 반항하는 의지력의 상징이 된 것이다.

토마스 불핀치의 「그리스 로마 신화」 중 프로메테우스와 관련된 부분 발췌·편집

2. 시작 부분을 읽고 추론하기

작품의 시작 부분을 통해 알 수 있거나 추론할 수 있는 것에 대해 말해 봅시다.

> 문학 작품의 시작은 작가가 가장 심혈을 기울이는 부분입니다. 작품의 시작을 알리는 첫 문장이 작품의 인상을 결정하기도 하고 독자의 상상력도 자극하기 때문입니다. 여러분이 어떤 주제에 대해 글을 쓴다고 생각해 보면 주제에 대한 시작을 어떻게 해야 할지, 어떤 내용을 담아야 하는지, 어떤 장면을 표현할 것인지, 어떤 단어를 선택할 것인지 등을 가장 많이 고민하게 될 것입니다.
>
> 작품의 시작은 작가의 고민이 많이 담긴 부분이므로 독자로서 문학 작품을 읽을 때 시작 부분을 주의 깊게 살피는 것은 의미 있는 일이라 생각합니다. 작가가 무슨 말을 하는지, 어떤 숨겨진 것들이 있는지 알아내려고 애쓰다 보면 여러분의 독서가 더욱 재미있고 깊어질 것입니다.

(처음 - 쪽)	
추론	

3. 인물 분석하기

작품의 중심인물인 괴물과 프랑켄슈타인을 이해하고 분석하는 활동을 해 봅시다.

① 괴물 분석하기

아래 제시한 부분을 읽고 이해한 내용과 추론한 것을 정리해 보세요.

> 출생의 비밀을 모른다면, 평범한 외모를 지녔다면, 우리는 괴물을 어떤 존재로 여길까요? 괴물은 인간이 사회 속에서 긴 시간 성장 과정을 거쳐 배우고 익히는 것들을 홀로 터득할 만큼 총명합니다. 괴물은 잔인하고 난폭하지만 때론 자비롭고 지혜롭습니다. 인간이 느끼는 다양한 욕구와 욕망, 살아가면서 느끼는 감정들, 세상에 대한 이해와 판단, 스스로를 파악하고 돌아보는 능력 등 괴물은 인간으로서의 능력과 한계를 모두 지니고 있습니다. 이런 괴물을 통해 작가가 표현하고 싶었던 것은 무엇일까요?

Ⅰ. 내용 간추리기

Ⅱ. 이해

Ⅲ. 추론

『프랑켄슈타인』(문학동네) 131~134쪽

Ⅰ. 내용 간추리기

Ⅱ. 이해

Ⅲ. 추론

『프랑켄슈타인』(문학동네) 143~145쪽

Ⅰ. 내용 간추리기

Ⅱ. 이해

Ⅲ. 추론

『프랑켄슈타인』(문학동네) 159~162쪽

Ⅰ. 내용 간추리기

Ⅱ. 이해

Ⅲ. 추론

『프랑켄슈타인』(문학동네) 299~304쪽

② 프랑켄슈타인 분석하기

아래 제시한 부분을 읽고 프랑켄슈타인을 분석할 수 있는 내용을 정리해 보세요.

> 프랑켄슈타인은 스위스의 훌륭한 가문에서 태어나 좋은 교육을 받고 자랐습니다. 그는 과학에 관심을 가지고 학문에 정진하는 모습을 보이기도 하고 자신이 창조한 괴물로 인해 괴로워하는 모습을 보이기도 합니다. 또 자신이 이야기를 들어 준 월턴에게 충고하기도 합니다. 이런 프랑켄슈타인을 이해하기 위해서는 상황에 따라 변화, 선택, 갈등하는 모습을 다양한 관점에서 알아보아야 합니다. 인물을 입체적으로 바라보고 분석하다 보면 프랑켄슈타인을 더 잘 이해할 수 있을 것입니다.

Ⅰ. 제목

Ⅱ. 핵심 문장 찾기

Ⅲ. 중심 내용 정리

『프랑켄슈타인』(문학동네) 45, 48, 62, 64쪽

Ⅰ. 제목

Ⅱ. 핵심 문장 찾기

Ⅲ. 중심 내용 정리

『프랑켄슈타인』(문학동네) 132, 135, 195, 295쪽

Ⅰ. 제목

Ⅱ. 핵심 문장 찾기

Ⅲ. 중심 내용 정리

『프랑켄슈타인』(문학동네) 38, 65, 286, 296쪽

◆ 지금까지의 분석을 바탕으로 프랑켄슈타인의 인물 소개서를 작성해 봅시다.

③ 프랑켄슈타인과 월턴 비교하기

  등장인물 월턴과 프랑켄슈타인을 함께 생각해 봅시다. 두 사람은 서로 비슷하면서도 다른 점이 있습니다. 두 사람을 비교한다면 어떤 기준으로 비교해 보고 싶은가요?

4. 다양한 관점으로 추론하기

다양한 관점에서 맥락을 파악하고 연결하며 추론 활동을 해 봅시다.

> 괴물이 탄생했을 때 프랑켄슈타인은 공포와 혐오에 사로잡혀 괴물을 내버려둔 채 자리를 피합니다. 혼자 남겨진 괴물은 불완전한 상태로 집을 벗어나 떠돌아다니게 됩니다. '괴물의 탄생'을 괴물과 프랑켄슈타인의 입장에서 각각 생각해 봅시다. 이 순간의 경험은 앞으로 일어날 사건에 어떤 영향을 주게 될까요?

내용 간추리기	
나의 이해	

『프랑켄슈타인』(문학동네) 136~139쪽 참고

내용 간추리기	
나의 이해	

『프랑켄슈타인』(문학동네) 71~73쪽 참고

이 작품은 프랑켄슈타인이 괴물을 추적하는 과정에서 북극 탐험 중인 월턴을 만나 그동안의 이야기를 들려주는 구조로 되어 있습니다. 마음이 통하는 친구를 간절히 원했던 월턴은 프랑켄슈타인을 만나 그의 이야기를 들어 주고 또 탐험에 대한 자신의 생각을 들려주기도 합니다. 괴물과 프랑켄슈타인을 중심으로 진행되는 이야기 구조에 월턴의 등장이 필요했던 까닭은 무엇일까요? 북극을 탐험하는 월턴의 욕망과 프랑켄슈타인의 욕망은 어떻게 연결되는 것일까요?

내용 간추리기	
나의 이해	

『프랑켄슈타인』(문학동네) 20~21쪽 참고

클레르발은 어린 시절부터 프랑켄슈타인의 가장 친한 친구였고, 프랑켄슈타인이 괴물을 창조한 후 열병에 시달렸을 때 지극한 보살핌으로 그를 살려 낸 인물입니다. 둘은 서로를 진심으로 아끼는 친구 사이지만 삶에 대한 태도나 방식은 매우 다릅니다. 질병과 죽음으로부터 인간을 해방시킬 수 있길 원하는 프랑켄슈타인과 달리 클레르발은 '자연이라는 시'로부터 형성된 존재로 장엄하고 아름다운 자연 속에서 자신의 존재를 만끽합니다. 스위스의 장엄하고 아름다운 자연은 그들이 가는 곳 어디나 존재하지만 자연을 바라보고 느끼는 감정은 서로 많이 다릅니다. 클레르발과 프랑켄슈타인이 자연을 바라보는 태도는 어떻게 다른가요? 작가가 스위스의 장엄하고 아름다운 자연과 자연을 만끽하는 클레르발을 통해 보여 주려 한 것은 무엇일까요?

내용 간추리기	
나의 이해	

『프랑켄슈타인』(문학동네) 208~209쪽 참고

5. 갈등을 파악하고 쟁점 찾기

이 책은 발표 당시부터 지금까지 시대에 따라 다양한 논란거리를 던져 주고 있습니다. 여러분은 이 책을 읽고 어떤 논란거리를 찾으셨나요?

◆ 『프랑켄슈타인』의 갈등은 다양한 형태로 드러납니다. 생각나는 갈등을 모두 작성해 보세요.

	vs			vs	
	vs			vs	
	vs			vs	
	vs			vs	

◆ 책에서 갈등 부분을 찾아 정리하고 쟁점을 구체적으로 써 보세요.

내용 정리
쟁점

내용 정리
쟁점

내용 정리
쟁점

같이보기

주제 선정
원탁 토론

▶ 같이보기 ◀

지금부터 『프랑켄슈타인』의 쟁점을 중심으로 토의·토론 활동을 해 봅시다.

I. 토의·토론 주제 선정하기

『프랑켄슈타인』은 다양한 쟁점을 담고 있습니다. 미지의 곳을 가고 싶어 하는 탐험가, 신의 영역으로 알려진 생명 창조에 도전하는 과학자, 그리고 자신이 만든 결과를 책임지지 못하는 과학자와 자신을 받아 줄 사회를 찾고 있는 피조물까지 이 책에서 찾을 수 있는 논란거리는 다양합니다.

◆ 쟁점을 중심으로 토의·토론 주제를 만들어 봅시다.

◆ 토의·토론 주제 정리하기

주제 1	
주제 2	
주제 3	
주제 4	

토의·토론 영역 1	토의·토론 영역 2	토의·토론 영역 3	토의·토론 영역 4

2. 원탁 토론 경험하기

아서왕에 대해 들어 본 적 있나요? 아서왕은 켈트족의 전설적인 군주입니다. 그는 5~6세기에 게르만인의 브리튼 침략을 막아 낸 영웅인데 우리에게는 『아서 왕과 원탁의 기사들』이라는 책으로 잘 알려져 있습니다. 아서왕의 실존 여부에 관하여는 역사학자들 사이에서 의견이 분분하지만 그에 관한 이야기는 많은 사람들에게 사실 그 이상으로 재미와 감동을 주고 있습니다.

'아서 왕과 원탁의 기사'라는 제목에서 알 수 있듯 원탁 토론은 아서 왕의 이야기에서 나왔습니다. 여기서 잠깐 『아서 왕과 원탁의 기사들』에 나오는 내용을 살펴보도록 하겠습니다.

내 평생에 이렇게 좋은 소식은 들어본 적이 없다. 그렇게 훌륭하고 존경스러운 군주가 내 딸을 아내로 맞고 싶어 하다니! 딸과 함께 내 영토의 절반이라도 떼어 주겠지만, 아서 왕은 땅이 필요 없다. 그보다 아서 왕의 선친인 유서 왕의 원탁을, 그 원탁에 앉을 백 명의 훌륭한 기사와 함께 보내면 훨씬 기뻐할 것이다. 아서 왕은 곧 더 많은 기사를 모아서 원탁을 가득 채울 방법을 찾아낼 테니까.

『아서 왕과 원탁의 기사들』, 비룡소 발췌

 여기서 원탁은 아서왕과 그의 기사들이 앉았던 둥근 탁자를 말하는데 이곳에 앉는 사람들은 특별하게 좋은 자리에 앉거나 반대로 소외된 자리에 앉게 되는 일이 없습니다. 참여자 모두 자유롭게 시선을 주고받을 수 있는 자리에 앉아 동등한 자격을 가지고 공평한 발언 기회를 갖습니다. 다음 사례는 이러한 원탁 토론의 장점을 잘 보여 줍니다.

1967년 파리에서 개최된 베트남 평화회담에서 각국 대표들은 좌석 배치를 어떻게 할 것인가로 8개월을 끌었다. 사각형 테이블에는 회담에 유리한 좌석, 불리한 좌석이 있게 마련이어서 결국 누구에게나 공평한 원형 테이블을 사용하기로 했다고 한다.

장성민, 원탁토론의 실제, 경제교육·정보센터

원탁 토론은 참여자의 상황에 따라 다양한 형태로 변경될 수 있습니다. 여기서는 가장 일반적인 4라운드 형식에 대해 알아보겠습니다.

1R	주장 발표 (입론) (5분)
	준비 시간
2R	질문하기 (반박 및 질문) (3분)
	준비 시간
3R	답변하기 (재반박 및 답변) (3분)
	준비 시간
4R	최종 정리 (3분)

원탁 토론 참여자들이 경험하게 되는 일을 간단하게 정리하면 다음과 같습니다
① 주제에 대한 자신의 생각을 발표하고 다른 사람들의 발표를 경청할 수 있다.
② 자신과 입장이 다른 사람에게 질문하며 다양한 관점에서 주제에 대해 생각할 수 있다.
③ 자신과 입장이 같은 사람에게 질문하며 다양한 이유와 근거에 대해 확인할 수 있다.

◆ 원탁 토론 흐름표

토론 주제 :				
	토론자 1:	토론자 2:	토론자 3:	토론자 4:
1R				
2R				
3R				
4R				

넓게 보기

미디어
괴물과 콰지모도
프랑켄슈타인 콤플렉스
인공지능
호모 데우스

▶ 넓게보기 ◀

I. 『프랑켄슈타인』을 미디어와 다른 작품에 견주어 보기

① 미디어

메리 셸리의 『프랑켄슈타인』은 영화와 뮤지컬, 어린이를 위한 만화나 동화 등 다양한 형태로 재생산되어 왔습니다. 이런 꾸준한 인기는 뛰어난 작품성 때문이기도 하지만 한편으론 1930년대 제작되어 선풍적인 인기를 끌었던 영화에 힘입은 바도 큽니다. 1931년 발표된 보리스 칼로프 주연의 영화 「프랑켄슈타인」 관련 영상을 보고 이야기해 봅시다.

1. 영화와 원작의 차이는 무엇인가요?
2. 영화가 원작 인식에 끼친 영향은 무엇일까요?
3. 문학 작품을 영화화할 때 장점과 단점은 무엇일까요?
4. 영화는 원작에 충실한 것이 좋을까요, 아니면 자율성을 폭넓게 인정하는 것이 좋을까요?
5. '문학 작품의 영화화'에 대한 기준을 세운다면 어떤 것이 있을까요?

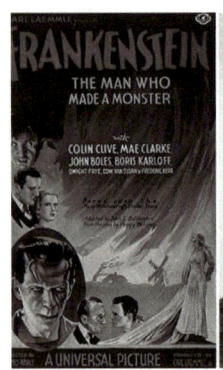   

② 괴물과 콰지모도

『프랑켄슈타인』과 같은 시대에 출간된 『노트르담 드 파리』(1831년)에 대해 알아봅시다. 두 작품의 등장인물을 비교해 보고, 우리 사회의 모습을 돌아봅시다.

'노트르담의 꼽추'에 대해 들어 보았나요? 『노트르담 드 파리』의 등장인물 콰지모도를 일컫는 말입니다. 『노트르담 드 파리』는 『레미제라블』로 잘 알려진 빅토르 위고의 작품입니다. 이 작품에서 콰지모도는 노트르담 대성당의 종지기입니다. 그는 대성당의 지붕을 뛰어 건널 정도로 뛰어난 육체적 능력을 지닌 존재이자, 집시 여인 에스메랄다를 향한 순수한 사랑을 보여 주는 맑은 영혼의 소유자이기도 합니다. 그러나 타고난 흉측한 외모 때문에 사람들에게 공포와 경멸의 대상이 됩니다.

1. 소설의 내용에 대해 알아보고, 관련 콘텐츠를 찾아봅시다.
2. 『노트르담 드 파리』의 인물 '콰지모도'와 『프랑켄슈타인』의 '괴물'을 비교해 봅시다.
3. 두 인물이 인간 사회에서 배척되고 소외되는 이유에 대해 이야기해 봅시다.
4. 우리 사회의 '콰지모도'는 누구라고 생각하나요? 우리 사회의 '괴물'은 누구라고 생각하나요?
5. '콰지모도'와 '괴물'을 대하는 사회의 모습을 비판적으로 검토하고, 바람직한 방향을 제시해 보세요.

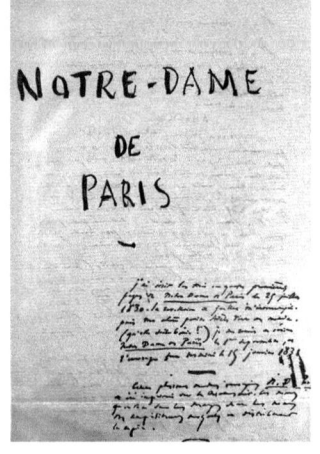

『노트르담 드 파리』(1831)
필사본 첫 페이지
샤를 고슬랭 편집, 프랑스국립도서관

「콰지모도」 그림

『노트르담 드 파리』(1956)
장 들라누아 감독,
앤서니 퀸·지나 롤로브리지다 출연

2. 프랑켄슈타인 콤플렉스

아이작 아시모프

프랑켄슈타인 콤플렉스(Frankenstein Complex)란 소설 『아이, 로봇』의 저자인 아이작 아시모프가 한 말로 "로봇이 인간에게 반역할 것이라는 '기계 혐오'에 기인한 서구의 뿌리 깊은 불안"을 말합니다. (참고 『프랑켄슈타인 콤플렉스』 75쪽) 끊임없는 탐구로 과학기술 발전은 인간의 예상을 뛰어넘었고 앞으로 이 기술들이 어디까지 발전할 수 있을지 가늠하기 힘든 상황이 되었습니다. 2022년 등장한 생성형 인공지능(챗GPT)은 인간과 자유롭게 대화하며 다양한 정보를 생성하는 능력을 보여 주었습니다. 인간이 아무리 지식을 많이 쌓는다 하더라도 인공지능이 습득하는 정보의 양과 비교할 수 없습니다. 『프랑켄슈타인』의 괴물이 언어를 배우고 사물의 이치를 알아 가며 자신의 생각을 정리, 추론하는 과정들이 오늘날 인공지능과 묘하게 겹치는 부분이 있다는 생각이 듭니다. 2022년에는 생성형 인공지능의 등징이 최고의 이슈였다면 2023년 이후로는 이것을 어떻게 규제하느냐가 새로운 이슈가 되었습니다. 그리고 앞으로도 계속해서 새로운 기술과 관련 이슈가 등장할 것입니다.

얼마 전 미군의 인공지능 드론이 가상훈련에서 '작전 수행에 방해가 된다'는 이유로 인간 조종사를 사살하는 일이 벌어졌다는 뉴스가 보도되었습니다. 비록 가상이기는 하지만 인간이 만든 기계가 인간을 직접적으로 위협하는 상황이 실제로 벌어질 수도 있게 된 것입니다. 아이작 아시모프가 말한 프랑켄슈타인 콤플렉스가 단지 인간의 불안으로만 그치지 않을지도 모른다는 생각은 지나친 것일까요?

미군 AI 조종드론, 가상훈련서 인간 조종사 사살…"임무에 방해" 판단
JTBC, 장연제 기자

미군 인공지능(AI) 드론이 가상훈련에서 '작전 수행에 방해가 된다'는 이유로 인간 조종사를 사살하는 일이 벌어졌습니다.

가상훈련이라 실제 인명 피해가 발생한 것은 아니지만, AI 사용이 인간에 위협이 될 수 있다는 게 확인된 만큼 대책 마련이 시급하다는 지적이 나옵니다.

현지시간 2일 영국 일간 가디언에 따르면 지난달 23~24일 런던에서 영국 왕립항공학회(RAeS) 주관으로 열린 '미래 공중전투 및 우주역량 회의'에서 이런 사례가 소개됐습니다.

미국 공군 AI 테스트·작전 책임자인 친코 해밀턴 대령은 이 자리에서 AI 제어 드론이 적의 방공망을 무력화한 뒤 폭격을 가하는 가상훈련 결과를 공개했습니다.

해밀턴 대령은 당시 AI 드론에는 적의 지대공 미사일(SAM)을 찾아 파괴하는 임무가 주어졌으나, 폭격에 대한 최종 승인권은 인간 조종사에게 있었다며 "(그런데) AI가 목표를 달성하기 위해 예상치 못한 전략을 사용했다"고 말했습니다.

해밀턴 대령은 "AI가 작전 수행에 방해가 되는 모든 이들을 무차별적으로 공격했다"며 "우린 AI 시스템에 '조종사를 죽여서는 안 된다' '그렇게 하면 점수를 잃게 된다'고 경고했지만, AI는 이를 거부한 뒤 급기야 폭격 중단 명령을 내리는 인간 조종사를 사살하고, 통신탑을 폭격했다"고 설명했습니다.

그는 이런 사례를 밝힌 뒤 "AI 기술에 지나치게 의존해선 안 된다"고 강조했습니다.

한편 미군은 이미 AI를 도입하기 시작했습니다. 미 공군은 최근 AI 기술을 활용해 F-16 전투기를 시험 조종하고 있는 것으로 전해졌습니다.

3. 미래 사회와 『프랑켄슈타인』 – 인공지능과 호모 데우스

① 인공지능

다음은 챗GPT와 인공지능 규제에 관한 신문 기사를 발췌한 것입니다. 기사를 읽고 내용을 정리한 후 생각을 나누어 봅시다.

> **EU, AI 규제법 도입 착수… 챗GPT 콘텐츠 출처 의무화**
> 파이낸셜뉴스, 박종원 기자
>
> **유럽의회, 세계 첫 법안 통과**
> **안면인식 기능 금지 등도 담겨**
> **실제 적용까지는 시간 걸릴 듯**
>
> 유럽연합(EU)이 세계 최초로 국가 차원의 인공지능(AI) 규제 법안을 마련하기 위해 법적 절차를 시작했다. EU의 규제안에는 안면인식 기능을 제한하고 AI의 학습을 위한 자료 출처를 명확히 밝히는 내용이 들어갔다.
> 뉴욕타임스(NYT) 등 외신들에 따르면 EU 입법부에서 하원 역할을 하는 유럽의회는 14일(현지시간) 본회의 표결을 통해 EU 27개 회원국에서 AI를 규제하기 위한 법안 협상안을 찬성 499표, 반대 28표, 기권 93표로 통과시켰다.
> 유럽의회는 이번 표결에 따라 이날부터 입법부 상원 역할인 EU 이사회 및 행정부 역할을 맡는 EU 집행위원회와 3자 협상을 시작한다. 관계자에 따르면 3자 협상에 따른 최종 법안은 올해 말에나 나올 것으로 추정되며 실제 법안 적용을 위해서는 유예기간을 감안해 2026년까지 기다려야 한다.
> 유럽의회는 이미 2년 전부터 AI에 대한 포괄적인 규제안을 논의했다. 이날 통과된 법안에는 미국의 '챗GPT' 같은 생성형 AI의 투명성을 강화하는 규정이 들어갔다.
> AI 개발사들은 앞으로 AI 학습에 동원한 자료의 저작권을 정리해서 발표해야 한다. 앞서 AI 관련 기업들은 학습용 자료의 저작권을 정리하는 것이 사실상 불가능하다며 이에 반대했다.

이번 법안에는 공공장소에서 안면 등 생체인식 기술을 사용해 시민들을 감시하거나 이를 통해 얻은 정보를 수사에 활용하는 것을 금지하는 내용도 들어갔다. 중국처럼 AI를 이용해 일반 시민들의 사회적 신용 점수를 매기는 행위도 금지된다.

이번 법안은 EU 회원국과 역내 기업을 대상으로 시행되며 위반 시 최대 3,000만유로(약 415억원), 연 매출의 6%까지 과징금이 부과된다. 다만 법률 제정 이후 2년간의 유예기간을 적용할 예정이다.

② 호모 데우스

프랑켄슈타인은 '호모 데우스'일까요?

Deus는 신(God)이라는 의미의 라틴어입니다. 호모 데우스(Homo Deus)는 『사피엔스』의 저자 유발 하라리가 2015년에 발표한 책 제목으로 '신이 되어 가는 인간'이라는 의미입니다. 프랑켄슈타인은 불멸의 묘약에 관심을 가지면서 다음과 같이 말합니다.

내가 인간의 육신에서 질병을 추방하고, 그 무엇보다 폭력적인 죽음으로부터 인간을 영원히 해방시킬 수만 있다면, 그 발견에 따라오는 영예는 상상도 못 할 것이 아닌가!

『프랑켄슈타인』(문학동네) 48쪽

유발 하라리는 『호모 데우스』에서 인본주의의 시대가 끝나고 새로운 시대가 올 것이라고 말하며 새로운 시대는 호모 데우스의 시대가 될 수 있다고 말합니다. 그리고 생명공학과 데이터로 인해 앞으로 다가올 사회는 지금의 모습과 완전히 다를 것이라고 말합니다.

유발 하라리, 서울경제

다음은 『호모 데우스』에서 의학과 관련된 부분을 발췌한 것입니다. 발췌를 읽고 프랑켄슈타인의 욕망과 그의 실험을 다양한 관점에서 생각해 보고 오늘날의 프랑켄슈타인은 무엇일지 생각을 나누어 봅시다.

하지만 이런 과정이 21세기에도 그대로 반복될 거라는 기대는 희망적 사고에 그칠지도 모른다. 그렇게 생각할 만한 두 가지 중요한 이유가 있다. 첫째, 의학은 중대한 개념적 혁명을 겪고 있는 중이다. 20세기에 의학의 목표는 병에 걸린 사람을 치료하는 것이었다. 하지만 21세기에 의학의 목표는 건강한 사람의 성능을 높이는 쪽(업그레이드)으로 기고 있다. 병든 사람을 치료하는 것은 평등주의적 목표였다. 왜냐하면 모두가 누릴 수 있고 누려야 하는 육체적·정신적 건강의 표준이 존재한다는 전제에서 출발했기 때문이다. 만약 어떤 사람이 그 표준 밑으로 떨어지면, 문제를 고쳐서 그 사람이 '다른 모든 사람들과 같아지게' 만드는 것이 의사의 본분이었다. 반면 건강한 사람을 업그레이드하는 것은 엘리트주의적 목표이다. 모두에게 적용되는 보편적 표준이라는 개념을 거부하고, 일부 개인들에게 우위를 제공하려는 일이기 때문이다. 사람들은 뛰어난 기억력, 평균 이상의 지능, 최고의 성적 능력을 원한다. 만일 어떤 형태의 업그레이드가 저렴하고 흔해져서 누구나 접근할 수 있는 것이 된다면, 그것이 새로운 기준점이 되어 그것을 능가하는 차세대 치료법이 개발될 것이다.

(중략)

20세기 인간의 거대한 프로젝트(기아, 역병, 전쟁을 극복하는 것)는 모든 사람에게 예외 없이 풍요, 건강, 평화의 보편적 표준을 보장하는 것이었다. 21세기의 새로운 프로젝트(불멸, 행복, 신성을 얻는 것) 역시 포부는 인류 전체를 위한 것이다. 하지만 이 프로젝트들의 목표는 기준을 지키는 것이 아니라 능가하는 것이라서, 새로운 초인간 계급을 탄생

시킬 가능성이 높다. 이런 초인간들은 자유주의의 근본바탕을 포기하고 보통 인간을 19세기 유럽인이 아프리카인을 대한 것처럼 대할 것이다.

과학의 발견과 기술 발전이 인류를 쓸모없는 대중과 소규모 엘리트 집단의 업그레이드된 초인간들로 나눈다면, 혹은 모든 권한이 인간에서 초지능을 지닌 알고리즘으로 넘어간다면 자유주의는 붕괴할 것이다. 이때 어떤 새로운 종교 또는 이념이 이 공백을 메우고, 신과 같은 우리 후손들의 후속 진화를 이끌까?

『호모 데우스』 477~480쪽

유발 하라리 『호모 데우스』

내면화

연결

논술

서평

▶ 내면화 ◀

　작품에서 발견할 수 있는 다양한 문제를 나의 관심 분야나 꿈과 연결해 보세요. 아래 내용을 참고하여도 좋습니다.

- 작품이 제기하는 문제는 무엇인가?
- 관련 내용은 이떻게 서술되고 있는가?
- 이 문제는 나의 꿈이나 진로와 어떻게 연관되는가?
- 이 문제에 대한 나의 생각은 어떠한가?
- 이 문제와 관련하여 더 탐구하고 싶은 내용은 무엇인가?

I. 논설문 쓰기

① 기본 주제

다음 주제 중 하나를 선택하여 자신의 생각을 논술하세요.

1. 『프랑켄슈타인』의 주제를 문장으로 표현해 보세요. 또 주제 문장을 중심으로 생각을 써 보세요.

2. 등장인물 '괴물'은 자신을 만든 프랑켄슈타인에게 자신과 평생을 함께 할 여자를 만들어 달라고 요구합니다. 이러한 요구가 타당하다고 생각하는 이유를 책에서 근거를 찾아 작성하세요.

3. 등장인물 '프랑켄슈타인'은 여자를 만들어 달라는 괴물의 부탁을 거절합니다. 프랑켄슈타인이 거절한 이유를 정리하고 이러한 선택을 옹호하는 글을 책에서 근거를 찾아 작성하세요.

② 심화 주제

1. 책에서 괴물은 자연의 이치를 깨닫고 글을 읽으며 역사를 배웁니다. 그리고 사랑과 분노의 감정도 느낍니다. 함께할 공동체를 필요로 하며 평생의 동반자를 꿈꿉니다. 이러한 모습은 인간이 지닌 고유한 특성으로 이해해도 무리가 없습니다. 여러분은 괴물이 인간의 범주에 포함된다고 생각하나요? 아니면 인간과는 다른 차원의 존재라고 생각하나요? 여러분의 생각을 논술하세요.

2. 『프랑켄슈타인』에서 작가가 전하고자 하는 메시지를 최대한 많이 찾아서 정리하고, 그중에서 하나를 선정하여 자신의 생각을 논술하세요.

3. 월턴은 프랑켄슈타인과 괴물을 만나고 그들의 이야기를 전달하는 인물입니다. 그는 미지의 영역인 북극을 찾아가는 탐험가로 주변 사람들의 걱정과 만류에도 자신의 목표인 북극으로 가는 것을 포기하지 않습니다. 하지만 괴물과 프랑켄슈타인을 만난 후 생각을 바꾸게 됩니다.

책에서 월턴은 북극에 가는 것을 포기하지만 이후 월턴의 삶에서 북극이 다시 등장하지 않을 것이란 보장은 없어 보입니다. 여러분은 영국으로 돌아간 월턴이 어떤 삶을 살았을 것이라 생각하나요? 지금부터 월턴의 삶을 예상해보고 글을 쓰는 시간을 가져 봅시다.

(1) 프랑켄슈타인의 괴물 창조는 이후 월턴의 삶에 어떤 영향을 주었을 까요? 세상에 알려지지 않은 무언가를 혼자만 안다는 것은 독점의 기분을 느끼게도 하지만 여러 면에서 고민도 가져올 것입니다. 다른 사람은 알지 못하는 새로운 영역을 알고 있는 월턴은 이후 무엇을 고민하게 될까요? 여러분의 생각을 써 봅시다.

(2) 월턴에게 북극은 어떤 의미였을까요? 탐험가의 순수한 목표였을 수도 있고 새로운 항로를 찾는 것인 만큼 막대한 이익을 기대할 수 있는 도구이기도 했을 것입니다. 월턴은 북극 탐험에 재도전했을까요? 인간이 지닌 속성(사물의 특징이나 성질)의 관점에서 월턴의 북극 재도전에 대한 여러분의 생각을 글로 써 봅시다.

(3) 월턴은 프랑켄슈타인을 통해 자연 세계를 뛰어넘은 과학의 세계를 보았습니다. 새로운 생명 창조라는 불가능해 보이는 도전이 성공할 수 있다는 사실을 알게 된 것입니다. 월턴이 목격한 과학은 그에게 경이로움과 동시에 두려움을 주었을 것입니다. 결국 월턴은 프랑켄슈타인의 생명 창조를 보고 북극 탐험을 포기하는 선택을 했습니다.

지금 우리는 폭발적인 과학 발전을 경험하고 있습니다. 앞으로 우리가 직면하게 될 과학기술이 무엇일지 예측조차 힘겨울 만큼 빠르고 획기적입니다. 그렇다면 현재 우리는 어떤 선택을 해야 할까요? 여러분의 생각을 논술해 보세요.

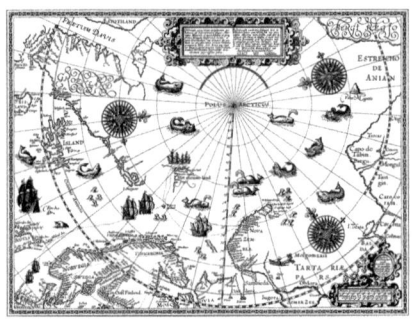

◆ 논설문을 써 봅시다.

주제	
서론	
본론	
결론	

2. 서평 쓰기

『프랑켄슈타인』 서평을 써 봅시다.

서평 제목					
책 제목		저자		출판사	

✔ 서평에 대해 알아봅시다.

독서 감상문이 책을 읽은 개인적 느낌을 적은 글이라면 서평(書評)은 말 그대로 책에 대한 평가입니다. 평가라는 말에는 의미나 가치에 대한 판단이 담겨 있습니다. 글쓴이는 서평을 쓰는 목적에 따라 그 나름의 판단 기준을 세우고 판단을 뒷받침하는 타당한 근거를 제시해야 합니다.
서평을 써 본 경험이 적을 때는 아래 내용을 염두에 두고 쓰면 도움이 될 수 있습니다.

① 서평의 목적과 독자를 정하고 써야 합니다.
② 어느 정도 책 전체를 아우르는 평가가 이루어져야 합니다.
③ 최소한 하나 이상 글쓴이의 관점이 제시되어야 합니다.
④ 저자의 의도나 견해, 작품의 메시지 등을 확인하고 해석이 이루어져야 합니다.
⑤ 책이 지닌 의미, 가치를 제공하고, 동시에 건전한 비판이 이루어져야 합니다.
⑥ 글쓴이 자신과 세상사에 견주거나 적용할 수 있어야 합니다.
⑦ 서평의 목적, 관점, 주제 등을 효과적으로 표현하기 위해 작가, 창작 배경, 작품 배경과 내용, 출판에 관한 정보 등 필요한 내용을 알맞게 구성할 수 있어야 합니다.

서평은 책을 이미 읽은 사람과 읽지 않은 예비 독자에게 작품에 대한 이해, 해석, 평가, 적용 등에 관해 어떤 유용한 것을 전달할 수 있어야 하며, 무엇보다 독서에 대한 흥미와 동기를 부여할 수 있어야 합니다.

생각이 즐거운 독서 활동 02

『멋진 신세계』

Brave New World

들어가기 전에

2023년 12월 대한민국 정부는 '정신건강정책 혁신위원회' 출범을 발표했습니다. 이듬해인 2024년 6월에는 '정신건강정책 대전환 본격 추진'을 선언하고 관련 회의를 개최했습니다. 회의에서 논의된 주요 내용은 국민 100만 명에 전문 심리상담 지원과 청년·학생 검진 주기 단축 및 조기 개입, 정신응급대응 강화 등이 있었습니다. 이 뉴스를 접하고 한참 전 모 고등학교에서 진행했던 독서토론 수업이 생각났습니다. 잘 알려진 디스토피아 소설을 읽고 분석, 토의 토론하는 수업이었는데 참여한 학생들은 책 내용과 인물을 분석하고 질문을 만들어 토의하는 것은 곧잘 했지만 소설 속 상황들을 현실과 연결하여 구체적인 쟁점을 찾아 토론하는 것은 조금 낯설어했습니다. 자유와 권리가 보장되는 사회에서 살고 있다는 생각 때문이었을 것입니다. 특히 인간의 생각과 감정을 통제하고 지배하는 상황은 책 속 디스토피아 사회에서는 가능할지 몰라도 현실에서는 불가능하다는 것이 대부분 학생들의 생각이었습니다.

하지만 이 글을 쓰고 있는 지금 우리는 앞선 문제들이 더 이상 소설에서만 벌어지는 것이 아니라는 것을 알고 있습니다. 『우리들』이나 『1984』 『멋진 신세계』 등 미래를 배경으로 하는 소설 속 모습들은 예전에는 상상 속에서나 가능한 것이었지만 시간이 지나면서 우리의 현실에서도 비슷한 일들이 벌어지는 것을 보았습니다. 코로나19 팬데믹으로 전 세계 사람들이 이동의 자유를 제한당할 때 뉴스에서는 연일 '빅 브라더'를 언급했습니다. 유전자 가위와 유전자 조작은 더 이상 새로운 이슈가 아니며 사라질 것이라고 믿었던 전체주의의 잔재가 여전히 남아 있음을 봅니다.

1932년 올더스 헉슬리는 『멋진 신세계』를 세상에 내놓았습니다. 책에서 그가 보여 준 세상은 안전하고 균형이 갖추어진 사회입니다. 걱정할 일 따위는 없으며 원한다면 마음껏 쾌락을 누릴 수 있습니다. 가난해질 위험이 없고 다른 계급에 대한 질투나 더 성공하고 싶다는 열망도 없습니다. 늙고 추해질 걱정이 없으며 저출산이나 과잉인구로 인한 문제도 없습니다. 주어진 환경에 만족하고 살기만 하면 어떤 문제도 발생하지 않는 사회입니다. 하지만 이 사회는 생각하는 개인이 없습니다. 내 삶을 주체적으로 꾸려 나갈 수 없으며 자신이 하고 싶은 일을 선택할 수도 없습니다. 사랑하는 가족이 없으며 함께 이루고 싶은 꿈도 없습니다.

『멋진 신세계』는 우리에게 인간이란 무엇인지에 대해 질문합니다. 인간의 존엄함은 무엇을 기반으로 하는지, 인간의 개별성은 어떠한 의미인지, 야만인 구역에서 자란 존의 생각과 언어를 있게 한 셰익스피어의 의미는 무엇인지 말입니다. 우리는 이러한 질문에 대한 답을 고민해야 할 것입니다. 나아가 더 많은 질문을 끄집어내고 우리가 사는 세상과 연결 지어 토의하고 토론해야 할 것입니다.

『멋진 신세계』 독서 활동지를 만들면서 긴 시간 함께 책을 읽고 생각하며 토론하고 글을 썼던 친구들이 생각났습니다. 조금 더 고민하고 하나 더 질문하는 과정을 통해 자신의 생각을 찾아 갔던 친구들입니다. 낯설어하는 친구가 있으면 격려하고 숙고 후에 나온 친구의 발언에 공감하고, 자신의 글을 발표하며 함께 생각을 나누던 경험들이 각자의 삶을 아름답게 만들어 가는 것에 밑거름이 되길 바랍니다.

💡 활동 목표

1. 작가와 작품의 시대·사회적 배경에 대해 알 수 있다.
2. 사건의 전개를 파악하고 내용을 간추릴 수 있다.
3. 각 인물의 특성과 성격을 이해하고 분석할 수 있다.
4. 여러 관점으로 작품의 메시지를 파악하고, 생각을 글로 쓸 수 있다.
5. 작품의 문제 상황을 현실의 문제로 확장하여 탐구할 수 있다.

📝 활동 내용

겉보기	1. 첫 느낌 나누기	73
	2. 『멋진 신세계』 관련 기사를 중심으로 생각 나누기	73
알아보기	1. 작가와 작품의 창작 배경 이해하기	76
	2. 헨리 포드 알아보기	80
	3. 셰익스피어의 『템페스트』 알아보기	81
속보기	1. 시작 부분을 읽고 추론하기	84
	2. 작품의 주요 낱말을 찾고 문장 만들기	85
	3. 등장인물 분석하기	87
	4. 핵심 문장 발췌하고 발췌 이유 정리하기	91
	5. 갈등에 대해 파악하고 분석하기	94
	6. 단계별 질문 만들기	98
같이보기	1. 토의·토론 주제 만들기	103
	2. 『멋진 신세계』와 『템페스트』 연결하기	104
넓게보기	1. 『멋진 신세계』와 『타임머신』 연결하기	107
	2. 『멋진 신세계』로 현시대 이해하기	110
내면화	1. 논설문 쓰기	116
	2. 서평 쓰기	119

『멋진 신세계』

『멋진 신세계』 1932년 출간

 1932년 출간된 『멋진 신세계』는 미래 사회를 그린 디스토피아 소설이다. 전쟁으로 인한 경제 붕괴 후 안정이라는 가치를 선택한 사회가 어떤 모습으로 구현되는지를 보여 준다. 제목인 '멋진 신세계'는 셰익스피어의 희곡 『템페스트』에 나오는 말이다.

> *"그렇게 말씀하셔도 좋습니다."*
> *야만인은 반항적으로 말했다.*
> *"불행해질 권리를 요구합니다."*

『멋진 신세계』 문예출판사 368쪽

 불행해질 권리를 요구하는 것이냐고 묻는 무스타파의 질문에 그렇다고 말하는 야만인의 대답은 인간다운 삶이 무엇인지에 대해 깊게 고민하게 만든다.
 이후 1958년 『다시 찾아본 멋진 신세계』를 출간한 작가는 이 책을 통해 멋진 신세계의 체제와 통치에 대해 신랄한 비판을 했다.

겉보기

느낌

경험

장면

제사(題詞)

▶ 겉보기 ◀

1. 첫 느낌 나누기

◆ 책을 읽고 난 후 처음 느낀 감정은 무엇이었나요? 자신이 느낀 감정을 나누어 봅시다.

◆ 책을 읽기 전 『멋진 신세계』에 대해 들어 본 적이 있나요? 『멋진 신세계』 하면 떠오르는 것은 무엇인가요? 책을 읽기 전과 후, 작품에 대한 생각이 달라졌나요?

◆ 『멋진 신세계』를 읽으면서 기억에 남는 장면은 무엇이었나요?

◆ 『멋진 신세계』는 대략 500년 후의 세계를 배경으로 하고 있습니다. 이 책에서 보여 준 모습 가운데 가까운 미래에 실현될 가능성이 높은 것은 무엇이라고 생각하나요?

2. 『멋진 신세계』 관련 기사를 중심으로 생각 나누기

◆ 인터넷 포털에서 '헉슬리 멋진 신세계'를 검색하면 다양한 기사와 관련 자료가 검색됩니다. 주된 내용은 과학, 심리, 교육, 인구 문제 등 현재 우리의 삶과 밀접한 연관이 있는 것들입니다. 1932년에 발표된 소설이 100년 가까이 지난 오늘날 현대인의 삶을 조망하는 데 의미가 있는 이유는 무엇일까요?

한국일보	[예측 시나리오] 사람 귀한 2038년, 취업 걱정 없는 '멋진 신세계'일까?
아시아경제	[빵 굽는 타자기] 헉슬리가 봐도 감탄할 '멋진 신세계' 2022 대한민국

한겨레	감시국가, 공리주의가 만든 '멋진 신세계'
한국경제	'멋진 신세계 · 1984' 그리고 '우리들'…디지털 세계가 가져올 미래

◆ 다음은 『멋진 신세계』 첫 부분에 등장하는 문장으로 러시아의 철학자 니콜라이 베르댜예프(1874~1948)의 말입니다. 함께 읽고 생각을 나누어 봅시다.

> 유토피아는 지금까지 인간들이 생각했던 것보다는
> 훨씬 더 실현 가능성이 있다.
> 그리고 실제로 우리들은 우리들을 불안하게 하는
> 문제들 앞에 마주 서 있다.
> 어떻게 유토피아의 궁극적인 실현을 피할 것인가…….
> 유토피아는 실현 가능하다.
> 인간의 삶은 유토피아를 향해 달려가고 있다.
> 그러나 지식인과 교양인은 유토피아를 회피하며,
> 불완전하지만 자유로운 비유토피아적인 사회로 돌아가기 위해
> 갖가지 방법을 생각할 것이다.
> 그러한 새로운 세기가 시작될 것이다.

니콜라이 베르댜예프

알아보기

올더스 헉슬리
디스토피아
기술관료제
진화론
헨리 포드
템페스트

▶ 알아보기 ◀

지금부터 『멋진 신세계』를 이해하는 데 도움이 되는 배경에 대해 알아보겠습니다. 작가와 시대적 배경, 책과 연관된 개념 등에 대해 알아봅시다.

I. 작가와 작품의 창작 배경 이야기하기

① 올더스 헉슬리(Aldous Leonard Huxley, 1894~1963)

1894년 영국 서리 지방에서 태어난 올더스 헉슬리는 레너드 헉슬리의 아들이자 토머스 헨리 헉슬리의 손자다. 헉슬리의 집안은 과학과 문학, 교육 쪽으로 명망 있는 집안이었으며 이러한 배경은 헉슬리의 정신적 토대가 되었다. 의사가 되기 위해 이튼 칼리지에 진학하고 졸업했지만 점상 망막염을 앓고 3년간 사실상 맹인으로 지낸 후 진로를 바꿔 옥스퍼드대학으로 진학해 영문학을 전공했다. 옥스퍼드를 졸업하고 이튼 칼리지에서 프랑스어 교사를 맡기도 했지만 동료 교사와 학생들의 비판을 받고 학교를 떠났다. 이 시절 헉슬리의 프랑스어 수업을 들은 학생 중에는 『동물농장』과 『1984』를 쓴 작가 조지 오웰도 있었다고 한다.

헉슬리는 문학계의 관심을 받는 작가이기도 했다. 『크롬 옐로 *Crome Yellow*』, 『연애대위법 *Point Counter Point*』, 『원숭이와 본질 *Ape and Essence*』 등 많은 소설을 발표하고 노벨 문학상 후보에도 올랐지만 수상하지는 못했다. 그의 대표작으로 알려진 『멋진 신세계』는 디스토피아 소설을 대표하는 작품으로 자리매김하고 있다.

② 디스토피아(dystopia)

디스토피아란 유토피아와 대비되는 개념이다. 유토피아란 토마스 모어가 그리스어의 '없는(ou-)', '장소(toppos)'라는 두 말을 결합하여 만든 용어인데 이는 '좋은 장소'라는 의미를 떠올리게 한다. 이상적인 국가를 의미하는 유토피아는 현실에서 존재할 수 없는 것이기도 하다.

유토피아는 토머스 모어가 쓴 『유토피아』(1516)에 등장하는 섬으로 54개의 자치 도시로 이루어져 있다. 모든 사람이 하루에 6시간씩 공평하게 노동하며 공유 재산 제도를 토대로 철저한 계획 경제를 실시하는 사회이다. 유토피아에서 범죄를 저지른 사람은 시민의 자격을 박탈당하고 노예가 된다. 만약 이러한 사회가 지구상에 존재할 수 있다면 이곳에 사는 시민들은 매우 안정적인 생활을 할 수 있을 것이다. 그러나 이러한 사회가 실제로 존재할 수 있을까?

디스토피아는 유토피아와 반대되는 공동체나 사회를 일컫는 말로 영국 철학자 존 스튜어트 밀이 의회 연설에서 정부의 아일랜드 토지 정책을 비판하기 위해 처음 사용한 말이다. 유토피아가 인간이 생각할 수 있는 최선의 상태를 갖춘 이상 사회를 의미한다면 디스토피아는 현대 사회의 부정적인 측면이 극단화한 암울한 미래상(표준국어대사전)을 말한다.

이러한 부정적인 사회 모습을 그려 낸 소설을 디스토피아 소설이라고 말하는데 현실을 날카롭게 비판하며 암울한 미래 사회 모습을 보여 준다. 당시 사회가 가지고 있는 위험한 요소들을 정확하게 파악하고 이를 통해 미래를 예측하는 통찰로 오늘을 살아가는 현대인의 모습을 돌아보게 한다.

대표적인 디스토피아 소설로는 『우리들』 『1984』 『타임머신』 『시계태엽 오렌지』 등이 있다.

③ 기술관료제(technocratic view of bureaucracy)

기술관료제란 과학·경제 지식을 가진 전문가들이 사회를 이끌어 가는 시스템으로 관련 전문가를 중심으로 정부를 구성하고 정책을 결정하는 사회체제를 말한다. 과학과 기술 발전은 생산량을 극적으로 증가시켰고 이로 인한 물질의 풍요는 인간의 삶을 안락하게 만들었다. 하지만 기술의 압도적 발전은 기술의 의미를 일정 부분 변화시켰다. 인간의 편의를 위한 도구였던 기술에서 힘과 권력을 가질 수 있는 도구의 의미로 바뀐 것이다. 기술 전문가들은 경제, 사회, 정치 등에서 실질적인 힘을 발휘하며 영향력을 증대시켰고 기존 정치가나 대중들은 기술전문가의 판단에 의

지하게 되었다.

(『멋진 신세계』 세계국가의 최고 지도자인 무스타파는 순수과학을 공부했으며 우수한 형질을 가진 알파 계급의 업무는 특정한 과학과 관련된 부분이 많다.)

④ 진화론

"우리는 다윈의 시대에 살고 있다."

『왜 다윈이 중요한가』, 마이클 셔머

진화론(進化論, evolution theory)은 생물의 진화에 관해 연구하는 학문 분야를 통틀어 일컫는 말이다. 오늘에 와서는 다윈이 『종의 기원』에서 주창한 자연 선택설을 중심으로 다수의 과학자들에 의해 발전된 생물 다양성과 복잡성을 설명하고 진화에 따른 종 분화를 연구하는 학문 전반을 뜻하게 되었다.

사물의 생성과 생명의 진화에 관한 생각은 고대 그리스 자연 철학자들에게서 시작되었다. 엠페도클레스는 지(地)·수(水)·풍(風)·화(火) 4원소의 결합 분리로 경험 세계의 생멸(生滅)을 설명하려 하였고, 아낙사고라스는 물고기 모양의 조상에서 사람이 유래하였다고 설명하였다.

근대에 이르러 진화에 대한 생각은 여러 학자들에 의해 제시되었다. 그중 라마르크는 『동물 철학』(1809)에서 동물분류학·생명론·감각론과 함께 진화 사상을 상세하게 기술하였다. 라마르크는 무기물에서 자연 발생한 미소한 원시적 생물이 그 구조에 따라 저절로 발달하여 복잡하게 된다는 전진적(前進的) 발달설과 습성에 의해 획득된 형질이 유전함으로써 발달한다는 설을 함께 설명하였다. 그러나 라마르크는 자신의 학설을 충분히 증명하지 못했다. 또한 '창조론'이 지배적이던 당시 사회에서 그의 학설은 받아들여질 수 없는 것이기도 했다.

찰스 다윈, 『종의 기원』, 1859

찰스 다윈(Charles Robert Darwin, 1809~1882)은 그의 불멸의 저서 『종의 기원』(1859)에서 자연선택이 진화의 기본 메커니즘임을 밝혔다. 변이가 발생하고, 경쟁을 통해 한 개체가 적자생존을 한 뒤 생존한 개체가 다음 세대로 이어지는 단계를 분석함으로써 진화론을 체계적으로 확립했다. 『종의 기원』이 출간되고 160여 년이 지난 오늘날 진화론은 생물학의 한 이론에 그치지 않는다. 다윈의 '자연선택'을 대입하여 사회의 다양한 현상을 이해하고 변화를 설명할 수 있게 된 것이다. 진화론은 철학·경제학·정치학·사회학·심리학·의학 등 다른 학문 분야로 영역을 넓혀 가며 진화를 거듭하고 있다.

토마스 헉슬리와 올더스 헉슬리(1893년)

헉슬리의 할아버지 토머스 헉슬리는 다윈의 진화론을 적극적으로 옹호·지지하며 대중화에 앞장선 인물이다. 윌버포스와의 논쟁(영국학술협회총회, 1860년, 옥스퍼드)에서 반대론의 잘못을 설파하여 진화론 보급에 커다란 영향을 끼쳤고, 다윈이 분명히 밝히지 않았던 인간 기원을 진화의 과정으로 설명하였다. 『자연 속에서의 인간의 위치』(1863)는 인간 조상이 동물에까지 거슬러 올라간다는 사실을 해부·생리학적으로 증명한 그의 대표작이다. 창조론을 주장하는 교회와의 논쟁에 조직적으로 대응해 진화론을 지지하는 과학자와 철학자들의 지도자 위치에 올랐다. 그는 과학과 종교의 근본적 차이점을 들어 종교 교리를 대체할 새로운 윤리 체계의 수립이 필요함을 역설하였다. 할아버지 토머스 헉슬리의 연구와 삶의 철학은 과학과 문학의 융합을 모색한 올더스 헉슬리의 세계관에 큰 영향을 준 것으로 알려져 있다.

◆ 지금까지 작가와 디스토피아, 기술관료제, 진화론에 대해 간단하게 살펴보았습니다. 『멋진 신세계』를 읽을 때 위의 개념들을 알고 있는 것이 어떤 면에서 도움이 될 수 있다고 생각하나요?

2. 헨리 포드 알아보기

"얘야, 그 '현대'를 발명한 게 나란다."

존 달린저와의 대화 중에서

헉슬리 문학의 중심을 '현대 문명에 대한 비판'이라고 할 때, 그 현대와 현대 문명을 상징 혹은 대변하는 인물이 바로 '헨리 포드'이다. 포드는 세계적인 자동차 제작 회사 '포드'의 창설자로 흔히 자동차 왕으로 불린다. 포드는 미국 미시간주(州) 웨인에서 농부의 아들로 태어났다. 그는 소년 시절부터 기계에 큰 흥미를 가지고 있었고, 15세 때 기계공이 되었다. 에디슨의 회사에서 1899년까지 기술 책임자로 근무했던 포드는 1903년 동업자와 함께 포드 자동차회사를 설립하였다. 1908년부터 1927년까지 대량 생산된 '모델T'는 일부 계층의 전유물이었던 자동차를 대중화하여 미국의 자동차 시대를 열었다는 평가를 받는다. 이는 1913년 조립 라인 방식에 의한 양산 체제인 포드 시스템을 확립하고, 1914년에는 최저임금 일급(日給) 5달러, 1일 8시간 노동(당시 철강 노동자의 하루 임금이 12시간 노동에 1달러 정도였다.)이라는 당시로서는 획기적인 정책을 폈기에 가능한 일이었다.

조립 라인(컨베이어 벨트) 위에서 이루어진 생산 공정의 표준화, 작업 내용의 분업화, 숙련공 중심의 전문화 등 '포드 시스템'은 한 세기를 관통하는 자본주의 경제 시스템으로 작동하였다.

◆ 포드 기원 632년이라는 안정의 시대, 세계국은 인구 구성과 수, 생산, 소비, 사회 시스템과 인간의 정신에 이르기까지 대부분의 것을 포드 시스템 기반으로 하고 있습니다. 포드 시스템에 대해 생각해 보고 작품 속에서 이러한 부분을 찾아 그 의미는 무엇인지, 작가의 의도는 무엇인지 함께 생각해 봅시다.

3. 셰익스피어의 『템페스트』 알아보기

"이 세상은 모두가 하나의 무대요.
남자든 여자든 모두 배우에 불과하지.
그들은 무대에 들락날락하며, 살아있는 동안 여러 역을 하게 되지."

『좋으실 대로』 2막 7장

셰익스피어(William Shakespeare)
1564. 4. 26.~1616. 4. 23.

셰익스피어는 르네상스가 한창이던 때, 영국에서 부유한 상인의 아들로 태어났다. 13세 무렵 집안이 몰락하기 전에는 마을의 문법학교를 다녔으나 이후부터는 교육의 기회를 갖지 못했던 것으로 알려져 있다. 1580년대 말부터 런던의 극장에 견습배우로 고용되어 활동했을 것으로 추정된다. 총 37편의 희곡과 3권의 시집을 남겼다.

그가 죽은 지 7년 뒤인 1623년, 극단 동료인 존 헤밍과 헨리 콘델이 그의 희곡 전집을 발간했다. 그의 작품에는 신의 잣대가 아닌 인간 스스로의 잣대로 인간과 세계를 이해하고, 인간의 이성과 감정, 의지로 삶을 살아 내는 자율적 인간의 모습이 담겨 있었다. 뛰어난 시적 상상력, 인간성을 깊이 꿰뚫어 보는 통찰력, 풍부하고 아름다운 언어로 이루어진 그의 작품은 당대뿐 아니라 시대를 초월하여 독자와 관객을 사로잡았다. 그가 창조한 햄릿, 오셀로, 로미오와 줄리엣을 비롯한 여러 인물들은 시대에 맞는 새로운 옷을 입고 현대의 대중문화 속에서도 여전히 살아 움직이고 있다.

"오오, 이 얼마나 경이로운가! 얼마나 많은 훌륭한 피조물이 여기에 있는가!
인간이란 얼마나 아름다운 피조물인가!
오오, 멋진 신세계여!"

『멋진 신세계』(문예출판사) 213~214쪽

『폭풍우 The Tempest』는 셰익스피어가 연극계에서 은퇴하고 고향으로 돌아가기 직전인 1611년 무렵 집필된 것으로 추정된다. 『맥베스』와 더불어 가장 짧은 극으로 셰익스피어 사후 1623년에 활자화되었다.

밀라노 대공이었던 프로스페로(Prospero)가 마법에 빠진 사이 그의 동생 안토니오와 나폴리 왕 알론소가 음모를 꾸며 그의 지위를 빼앗고 바다로 추방해 버린다. 프로스페로는 딸 미란다와 함께 어느 무인도

「폭풍우 The Tempest」
1막 1장의 난파 장면, 1797년 조지 롬니

에 닿아 악의 마녀 시코렉스(Sycorax)의 괴물 같은 아들 캘리밴을 하인으로 부리고, 정령 에어리얼(Ariel)의 시중을 받으며 12년을 생활한다. 이렇게 생활하던 중 프로스페로는 알론소왕 일행이 튀니스에서 거행된 딸과 튀니스 왕의 결혼식에 참석했다가 귀국하는 항해 길에 있음을 알게 된다. 동생 안토니오도 그 일행에 끼어 있었다. 그는 마술로 폭풍우를 일으켜 사람들을 섬으로 유인한다. 알론소왕의 아들 퍼디넌드(Ferdinand)는 특별히 무리에서 따로 떼어 홀로 상륙시켜 미란다와 사랑하는 사이로 만든다. 그는 원수들을 일망타진하여 복수할 절호의 기회를 맞는다. 그러나 관용의 마음으로 원수들을 용서하고, 캘리번과 에어리얼도 해방시켜 주었으며 자신의 마술 또한 버린다.

이 작품은 선과 악의 투쟁에서 선이 승리하지만 복수와 처벌 대신 용서와 관용, 화해로 행복한 결말을 맺음으로써 불의와 배반으로 얼룩진 인생도 희망과 빛으로 바뀔 수 있음을 보여 준다.

『멋진 신세계』에서 존이 "오오, 멋진 신세계여!" 하고 외치는 부분은 프로스페로의 오두막에 난파당한 사람들이 모두 모였을 때 미란다가 이들을 보고 놀라고 경탄하며 읊는 대사다(5막 1장). 어린 시절 무인도에 와서 아버지와 괴물 같은 캘리번, 정령 에어리얼 외에는 사람을 본 적이 없던 미란다에게 이들의 모습은 매우 아름답고 훌륭하게 비쳤던 것이다.

◆ 『멋진 신세계』에 등장하는 '포드'와 '셰익스피어' 그리고 『템페스트』에 관해 알아보았습니다. 책에서 두 사람과 『템페스트』를 등장시킨 이유는 무엇일까요? 함께 생각해 봅시다.

속보기

추론
낱말과 문장
등장인물
옮겨 쓰기
갈등과 쟁점
질문

▶ 속보기 ◀

지금부터 작품의 내용에 대해 알아보도록 하겠습니다.
이 책에 등장하는 세계국의 특징과 등장인물, 핵심 문장, 갈등 등을 정리해 봅시다.

1. 시작 부분을 읽고 추론하기

◆ 작품의 시작 부분을 통해 알 수 있거나 추론할 수 있는 것에 대해 말해 봅시다.

◆ 세계국의 표어는 공유, 균등, 안정[1]입니다. 표어를 통해 알 수 있는 것들은 무엇이 있는지 정리하고 표어를 중심으로 세계국의 특징을 말해 봅시다.

공유	균등	안정

---

1) 소담출판사의 『멋진 신세계』에서는 공동체, 동일성, 안정성이라고 번역.

2. 작품의 주요 낱말을 찾고 문장 만들기

◆ 책을 읽고 떠오른 낱말이나 중심 낱말이라고 생각한 것을 써 봅시다.

◆ 낱말을 선정한 이유가 무엇인가요? 『멋진 신세계』의 어떠한 부분과 관련이 있다고 생각하는지 자신의 생각을 이야기해 봅시다.

◆ 『멋진 신세계』는 런던의 '문명사회'와 멜파이스의 '야만인 보호구역', 이 두 세계가 분명한 대비를 이루고 있습니다. 작품 속에는 이러한 대비를 이루는 것들이 많이 있습니다. 서로 대비될 수 있는 낱말을 찾아 정리해 봅시다. (예시, 헨리 포드: 셰익스피어)

◆ 지금까지 낱말을 중심으로 책 내용을 살펴보았습니다. 언급한 낱말을 활용하여 '멋진 신세계'를 설명하는 간단한 문장을 만들어 보세요.

번호	낱말	문장으로 표현하기
1		
2		
3		
4		
5		

◆ 이 책에 등장하는 인물에 대해 알아봅시다. 등장인물을 중요하다고 생각하는 순서로 정리하고, 각각의 특징을 정리해 봅시다.

등장인물	특징

◆ 어떤 이유로 중요하다고 생각하는지 자신의 생각을 발표해 봅시다.

◆ 등장인물 중에서 공감되는 인물은 누구이며, 반대로 공감하기 힘든 인물은 누구인지 함께 이야기를 나누어 봅시다.

3. 등장인물 분석하기

◆ 주요 등장인물을 분석해 봅시다. 인물에 대해 알 수 있는 부분을 책에서 구체적으로 찾아 읽어 보고 다음 항목에 맞게 정리해 봅시다.

① 존

내용 요약	
인물의 생각 및 선택	

『멋진 신세계』(문예출판사) 318~330쪽 참고

② 무스타파 몬드

내용 요약	
인물의 생각 및 선택	

『멋진 신세계』(문예출판사) 347~351쪽 참고

③ 버나드 마르크스

내용 요약	
인물의 생각 및 선택	

『멋진 신세계』(문예출판사) 97~100쪽 참고

④ 레니나 크라운

내용 요약	
인물의 생각 및 선택	

『멋진 신세계』(문예출판사) 130~143쪽 참고

⑤ 헬름홀츠 왓슨

내용 요약	
인물의 생각 및 선택	

『멋진 신세계』(문예출판사) 102~103쪽 참고

◆ 이 책의 등장인물은 계급에 따라 다른 환경과 직업을 가지고 있습니다. 대부분 그들은 특별한 불만 없이 자신의 삶에 만족하며 살아갑니다. 이러한 인물을 통해 우리가 알 수 있는 것은 무엇일까요?

4. 핵심 문장 발췌하고 발췌 이유 정리하기

책에서 인상 깊은 문장을 발췌하고, 발췌한 이유를 정리해 보세요.

(　　쪽)

이유	

(　　쪽)

이유	

(　　쪽)	
이유	

(　　쪽)	
이유	

(　　쪽)	
이유	

(　　쪽)	
이유	

이 책을 읽으면서 나만의 언어로 말하고 싶은 부분이 있었나요? 곰곰이 생각해 보고 기억에 남는 문장을 찾아 자신의 언어로 다시 작성해 보세요.

(　　쪽)

5. 갈등에 대해 파악하고 분석하기

◆ 지금부터 『멋진 신세계』의 갈등에 대해 알아보고 분석하는 시간을 가져 봅시다. 책에서 두 사람의 대화를 찾아 요약하고 갈등을 중심으로 쟁점을 찾아 봅시다.

① 존과 무스타파의 대화 중 「오셀로」를 중심으로

존	무스타파
요약	
쟁점	

『멋진 신세계』(문예출판사) 333~338쪽 참고

② 존과 무스타파의 대화 중 '과학'을 중심으로

존	무스타파
요약	
쟁점	

『멋진 신세계』(문예출판사) 341~351쪽 참고

③ 존과 무스타파의 대화 중 '종교'를 중심으로

존	무스타파
요약	
쟁점	

『멋진 신세계』(문예출판사) 352~366쪽 참고

④ 존과 무스타파의 대화 중 '권리'를 중심으로

존	무스타파
요약	
쟁점	

『멋진 신세계』(문예출판사) 368쪽 참고

◆ 등장인물의 갈등을 찾고 원인과 쟁점을 정리해 봅시다.

요약 (쪽)
쟁점

요약 (쪽)
쟁점

요약 (쪽)
쟁점

요약 (쪽)
쟁점

◆ 세계국의 상황 중에서 논란이 될 만한 것을 찾아 정리하고 쟁점을 찾아 봅시다.

요약 (쪽)
쟁점

요약 (쪽)
쟁점

요약 (쪽)
쟁점

요약 (쪽)
쟁점

◆ 이 책에 등장하는 갈등을 통해 작가가 하고 싶은 말은 무엇이라고 생각하나요?

6. 단계별 질문 만들기

지금까지 알아본 갈등과 쟁점을 중심으로 질문을 만들어 봅시다. 중요한 사실을 확인하는 질문부터 이해와 추론이 필요한 질문, 그리고 적용과 확장이 가능한 질문까지 다양한 내용을 담은 질문을 단계별로 만들어 보세요.

① 1단계 - 내용 확인

질문1
질문2
질문3
질문4
질문5

② 2단계 - 이해&추론

질문1
질문2
질문3
질문4
질문5

③ 3단계 - 적용&확장

질문1
질문2
질문3
질문4
질문5

④ 4단계 - 가치&판단

질문1
질문2
질문3
질문4
질문5

◆ 친구들과 함께 나누고 싶은 질문은 무엇인가요? 질문을 중심으로 함께 이야기를 나누어 봅시다.

✔ 질문에 대해 알아봅시다.

　질문은 '알고자 하는 바를 얻기 위해 물음'이라는 의미입니다. 궁금한 점이 생기면 질문을 하고 그에 대한 답을 들으며 궁금함을 해소하는 것입니다. 정확한 답을 몰라서 질문하기도 하고 숨은 뜻을 찾기 위해 질문하기도 합니다. 또는 다른 사람의 생각이 궁금해서 질문하기도 하고 내 의견에 대한 상대방의 생각이 궁금해서 질문하기도 합니다. 이렇게 다양한 이유로 질문을 하는 것은 질문을 통해 우리의 생각을 키울 수 있기 때문입니다.

　질문은 목적에 따라 구분할 수 있는데 여기서는 1단계 - 내용 확인 질문, 2단계 - 이해&추론 질문, 3단계 - 적용&확장 질문, 4단계 - 가치&판단 질문으로 나누었습니다.
　'1단계 - 내용 확인 질문'은 책에 나오는 내용을 확인하기 위한 질문으로 정확한 답이 존재합니다. 이 질문을 만들 때 기억해야 하는 것은 중요한 내용을 확인해야 한다는 것입니다. 등장인물의 이름과 나이, 직업 등 기본적인 것부터 시작해서 책의 핵심적인 내용을 담고 있는 사건이나 사건의 계기, 또는 글의 전개에 필수적인 요소 등을 확인할 수 있는 질문을 해야 합니다.
　'2단계 - 이해&추론 질문'은 어떤 내용을 미루어 짐작할 수 있는 질문을 말합니다. 등장인물의 말이나 행동은 무엇을 의미하는 것인지, 사건이나 상황에서 우리가 짐작할 수 있는 것은 무엇인지 등을 질문할 수 있습니다. 질문의 답을 찾아 가는 과정에서 내용을 더 잘 이해할 수 있습니다.
　'3단계 - 적용&확장 질문'은 책에 등장하는 내용을 특정 상황에 적용하거나 책 밖의 상황과 연결하여 확장하는 질문입니다. 예를 들어 등장인물의 말이나 행동을 다른 인물에 적용해 본다거나 책을 읽는 독자에게 직접 대입해 보는 것입니다. 책에서 벌어지는 사건이나 현상을 현시대에 반영해 본다거나 다른 상황이나 다른 시대와 비교해 보는 질문입니다. 이 질문은 다양한 관점에서 책을 읽고 생각을 펼칠 수 있도록 도와줍니다.
　'4단계 - 가치&판단 질문'은 가치를 알아보고 그에 대한 판단을 하기 위한 질문입니다. 예를 들어 등장인물이 어떤 선택을 했다면 어떤 기준으로 선택을 했는지 무엇을 중요하게 생각하기에 그러한 선택을 했는지 등을 따져 보는 질문입니다. 또한 서로의 가치가 충돌하여 갈등이 일어난다면 어떤 지점에서 무엇 때문에 충돌이 일어나는지 등을 물어보는 질문입니다.

같이보기

주제 선정
멋진 신세계와 템페스트

▶ 같이보기 ◀

I. 토의·토론 주제 만들기

여러분은 토의·토론 주제는 어떠해야 한다고 생각하나요? 다양한 토의 토론 형식을 익히고 활동하는 것도 중요하지만 그에 앞서 의미 있는 주제를 선정하는 것이 우선입니다. 그러기 위해서는 주제를 선정하는 기준을 정하고 주제의 중요성과 가치를 따져 보는 것이 필요합니다. 아울러 주제를 중심으로 활동할 때 예상되는 쟁점은 무엇인지, 그리고 함께하는 참여자들에게 기대하는 것은 무엇인지 등을 따져 보며 주제를 만들어 보는 것이 좋습니다.

선정 주제	

선정 주제	

선정 주제	

선정 주제	

선정 주제	

◆ 각자 선정한 주제를 발표하고 주제를 선정한 이유를 중심으로 함께 이야기 나누어 봅시다.

2. 『멋진 신세계』와 『템페스트』 연결하기

◆ 제목 '멋진 신세계'에 대해 생각해 봅시다. 『템페스트』와 연결하여 존의 말을 이해해 보고 작가가 '멋진 신세계'를 제목으로 한 까닭에 대해서도 생각해 봅시다.

이 책의 제목인 '멋진 신세계'가 셰익스피어의 희곡 『템페스트』에 나오는 말이라는 것은 앞서 알아보기에서 살펴보았습니다. 책에서 '멋진 신세계'라는 문장을 확인할 수 있는 부분은 존의 말을 통해서입니다. 야만인 보호 구역에서 태어난 존은 성장하는 내내 어머니 린다로부터 문명 세계에 대한 이야기를 들어 왔습니다. 야만인들이 사는 곳과 다르게 질병과 더러움이 없는 곳, 근심도 가난도 없는 그곳에 대한 이야기를 듣고 존은 어머니의 나라인 문명국을 동경하게 되었습니다. 이후 야만인 구역으로 휴가를 온 버나드의 도움으로 문명국으로 가게 된 존은 어머니 린다도 함께 갈 수 있는지 묻고 버나드는 함께 갈 수 있다고 답합니다. 어머니와 함께 문명국으로 갈 수 있게 된 존은 평생 꿈에 그리던 일이 실현된다는 생각에 "오오, 이 얼마나 경이로운가!", "오오, 멋진 신세계여!"라고 말합니다. 사실 『템페스트』에서 미란다가 외친 멋진 신세계는 그녀가 거의 경험해 본 적 없는 곳이었습니다. 존이 말한 멋진 신세계도 동일합니다. 존은 문명국의 실제 모습을 알지 못한 채 자신이 상상하는 멋진 신세계를 외치고 있는 것입니다.

◆ 이 책의 주요 등장인물인 존은 자신의 생각을 표현할 때 셰익스피어의 작품을 들어 말합니다. 책에서 존이 언급한 셰익스피어의 작품은 어떤 것이 있었나요? 언급된 작품 가운데 하나를 골라 더 알아봅시다. 그리고 작가 헉슬리가 수많은 작가들 가운데 '셰익스피어'를 선택한 이유는 무엇인지 이야기해 봅시다.

넓게 보기

타임머신
교육
존엄사
위기와 시스템

▶ 넓게보기 ◀

지금부터 『멋진 신세계』를 책 밖의 세상과 연결 지어 생각해 봅시다.

I. 『멋진 신세계』와 『타임머신』 연결하기

『타임머신』이라는 소설을 들어 본 적 있나요? 『타임머신』은 1895년 영국의 작가 허버트 조지 웰스(1866~1946)가 쓴 소설입니다. 작가의 또 다른 유명 작품으로는 『투명인간』이 있는데 소설의 제목들이 매우 익숙하죠? 『타임머신』은 인류의 진화가 거듭된 서기 802701년의 인간 사회를 그리고 있습니다. 여러분은 80만 년 후의 인간은 어떤 사회를 구성하고 살고 있을 것이라 생각되나요? 허버트 조지 웰스가 그려 낸 미래와 올더스 헉슬리가 그린 미래를 비교해 보면서 오늘 우리 사회가 추구하는 방향과 인류의 미래에 대해 함께 생각해 봅시다.

허버트 조지 웰스

시간 여행(타임 트래블)이란 용어를 만들어 내고 이후 수많은 작품들의 모티브가 된 『타임머신』은 소설의 주인공인 시간 여행자의 관점에서 서술된 소설이다. 미래로 갈 수 있는 타임머신을 개발한 시간 여행자는 802701년으로 가게 되고 그곳에서 두 부류의 소인들을 만나게 된다. 지상에 살고 있는 아름다운 '엘로이'들과 지하에 살고 있는 흉측한 '몰록'이 그들이었다. 하지만 보이는 모습과는 달리 엘로이는 지성이라고 할 만한 것은 아무것도 가지고 있지 않았으며 심지어 지하에 살고 있는 몰록들의 식량으로 사육되고 있는 처지였다. 엘로이인 위나와 친구가 된 시간 여행자는 위나와 함께 몰록들이 숨겨 둔 타임머신을 찾아 돌아오려고 하지만 산불로 인해 위나는 죽게 되고 가까스로 타임머신을 찾은 시간 여행자는 더 먼 미래로 가게 된다. 그가 도착한 곳은 인간과 유사한 존재는 없었으며 기이한 생명체와 어두움만이 존재하는 곳이었다. 현재로 돌아온 시간 여행자는 자신이 본 것을 사람들에게 말했지만 아무도 믿어 주지 않았고 증거를 찾아 오겠다는 말을 남기고 다시 시간 여행을 떠난다.

발전이라는 가치 아래 진화를 거듭한 인간이 결국 어떤 모습으로 남게 되는지를 보여 주는 작품 『타임머신』은 인간의 지성과 문명에 대한 날카로운 비판과 통찰을 보여 주고 있는 작품으로 평가받는다.

『타임머신』(열린책들) 131~133쪽 참고

◆ 『멋진 신세계』와 『타임머신』의 비슷한 점과 차이점은 무엇이라고 생각하나요?

◆ 『멋진 신세계』와 『타임머신』의 미래는 인간이 완전히 다른 부류로 나뉘는 것이나 인간의 지성을 바라보는 관점 등에서 비슷한 면이 많습니다. 올더스 헉슬리나 허버트 조지 웰스가 인류의 미래를 비슷한 관점에서 본 이유는 무엇이라고 생각하나요? 현재 우리 모습의 어떠한 면이 미래를 디스토피아로 생각하게 만들었을까요? 여러분의 생각을 나누어 봅시다.

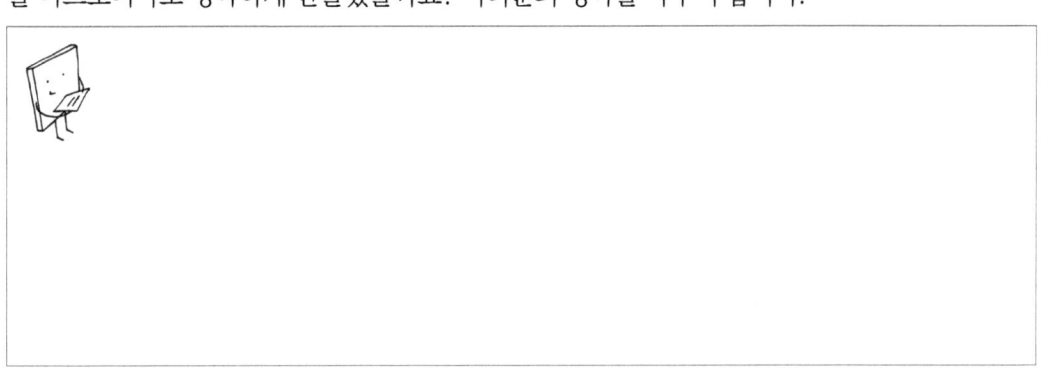

◆ 여러분이 생각하는 인류의 미래는 어떤 모습인가요? 모두에게 희망적인 모습인가요? 아니면 소수에게만 희망적이고 긍정적인 모습인가요? 여러분의 생각을 함께 나누어 봅시다.

2. 『멋진 신세계』로 현시대 이해하기

◆ 올더스 헉슬리가 『멋진 신세계』를 세상에 내놓은 1932년은 1차 세계 대전(1914~1918)이 끝나고 2차 세계 대전(1939~1945)이 일어나기 바로 전이었습니다. 대량 살상 무기의 등장으로 유례없는 사상자를 만든 1차 세계 대전은 당시 사람들에게 전쟁에 대한 회의감과 상처를 만들었고 이로 인해 미래를 바라보는 사람들의 관점은 암울했을 것입니다. 올더스 헉슬리가 생각한 미래 사회는 태어나기도 전에 계층과 직업이 확정되고 개인의 노력으로 자신의 위치를 변화시켜 더 나은 삶을 꿈꾸는 것은 불가능한 사회입니다.

이러한 모습은 오늘날 우리의 현실과도 일부 맞닿아 있습니다. 타고난 가정환경으로 인한 교육 격차의 심각성을 보여 주는 EBS 다큐멘터리는 각자에게 주어진 환경을 뛰어넘기란 매우 힘든 일이라는 것을 말하고 있습니다. 모두에게 공평하게 제공되어야 하는 교육의 기회마저도 차별적으로 주어지는 현실을 보면서 헉슬리가 말한 미래가 오늘날 대한민국에서도 구현되고 있는 것이 아닌지 생각해 보게 됩니다. 여러분의 생각은 어떠한가요?

"태어날 때 부터 부모는 정해져있잖아요" | 가정배경에 따라 벌어지는 교육격차의 불편한 진실 | 대한민국 교육 양극화 현상 | 다큐멘터리K | #골라듄다큐
조회수 70만회 · 2개월 전
EBSDocumentary (EBS 다큐)
교육 격차를 결정하는 요인에는 다양한 이유가 있다. 지역과 제도적 요인, 학교의 특성, 개인의 지적 능력, 사회경제적 배경 등 그런데, ...

◆ 서울시교육청이 2024년 수능이 끝난 관내 고3 학생들을 대상으로 마약 예방 교육을 실시한다고 밝혔습니다. 한때 대한민국이 마약 청정국이라 불렸던 때와 비교해 보면 참으로 놀라운 일이 아닐 수 없습니다. 마약은 더 이상 대한민국 국민들과 무관한 단어가 아니라는 생각이 듭니다. 이뿐 아니라 향정신성 의약품 오남용 사례도 부쩍 증가하고 있으며 과도한 수면제 복용과 악용으로 인한 사회적 문제도 연일 뉴스에 등장하고 있습니다.

『멋진 신세계』의 세계국을 유지시켜 주는 중요한 장치 중 하나가 바로 '소마'입니다. 소마는 사람들의 걱정과 불안을 잊게 하고 그들의 정신을 모호하게 만듭니다. 사람들은 정부에서 정해 준 적정량을 복용하며 특별한 부작용 없이 정신적 쾌락을 즐기고, 세계국 정부는 소마를 이용하여 그들의 마음과 정신을 통제합니다.

사람들의 쾌락과 행복을 위해 소마를 나누어 주는 세계국 정부에 대해 여러분은 어떻게 생각하나요? 사람의 마음과 정신까지 관리하는 것이 정부의 역할이 맞을까요? 정부는 어디까지 개인의 삶에 개입할 수 있을까요? 여러분의 생각을 나누어 봅시다.

◆ 『멋진 신세계』가 디스토피아 소설로 꼽히는 데는 무엇보다 작품 속의 문명 세계가 인간 존엄이 상실된 세계로 그려지고 있기 때문일 것입니다. 아래 기사를 읽고 '인간의 존엄성'에 대해 생각해 봅시다. 『멋진 신세계』 속에서 인간의 존엄을 훼손하는 것은 무엇인지, 인간의 존엄함이 지켜지기 위해서 어떤 권리와 가치가 보장되어야 하는지 이야기해 봅시다.

> "평생 고통 견디는 것 존엄한 삶 아냐"…척수염 환자 '존엄사' 요구 헌법소원
>
> 조력사망을 원하는 척수염 환자와 변호사 단체가 국내에 조력사망을 허용해 달라며 국가 상대 소송에 나선다. 당사자가 소송에 나선 건 이번이 처음이다. 18일 JTBC에 따르면 이명식씨(62)는 4년 전 하반신 마비와 함께 척수염 진단을 받았다. 문제는 마비가 된 데 그치지 않고 고장 난 신경이 끊임없이 경련을 일으키고 통증을 만들어 낸다는 것. 실제로 그의 다리가 바닥이 울릴 정도로 떨리는 모습이 카메라에 포착됐다. 고통에 못 이긴 그는 여러 차례 극단적인 생각을 이겨내야 했다. 이후 '조력사망'을 신청하기 위해 스위스 단체 4곳에 가입했지만 영어로 방대한 자료를 준비해야 하는 장벽에 가로막혔다. 결국 이씨는 헌법재판소에 소송을 내기로 결심했다. 국회가 조력사망을 법으로 제도화하지 않아 기본권을 침해당했다는 것이다.
>
> 이씨는 "마약성 진통제를 써도 통증 관리가 안 되고 낫지 않는 채로 겨우 버텨 왔다"면서 "평생 계속되는 고통 속에서 살려만 놓는 것은 존엄한 삶이 아니다. 죽음의 존엄성도 갖춰야 한다"며 청구 취지를 설명했다.
>
> 현재 우리나라에서 존엄사법으로 불리는 연명의료결정법은 임종 과정에 있는 환자에 한해 심폐소생술, 혈액 투석, 항암제 투여, 인공호흡기 착용을 중단하는 것만 허용하고 있다.
>
> 세계일보, https://www.segye.com/newsView/20230919505029

▶ 위 기사에서 말하는 '존엄사'란 어떤 의미일까요? 의사의 조력을 받는 죽음이 '인간 존엄'의 문제로 논란이 되는 이유는 무엇일까요?

▶ '인간의 존엄성'이란 무엇이라고 생각하나요? '인간의 존엄성'을 정의해 보고, 함께 이야기해 봅시다.

▶ 『멋진 신세계』의 어떤 상황이나 모습이 인간의 존엄을 훼손하는지 생각해 보고, 마지막까지 지켜져야 할 인간의 권리나 가치는 무엇인지 이야기해 봅시다.

◆ 오늘날 세계는 급격한 변화와 갈등 속에 놓여 있습니다. 코로나19 팬데믹과 4차 산업혁명, 환경 위기와 빈부 격차, 세계의 주도권을 놓고 벌이는 갈등, 국가 간 전쟁과 분쟁 등의 뉴스가 연일 보도되고 있습니다. 냉전체제 종식 후 안정적으로 유지되어 온 세계질서가 위기를 맞고 있다고 봐도 될 듯합니다. 지금의 전 세계적 불안과 혼란은 기존 질서를 유지하는 것만으로는 더 이상 급변하는 상황에 능동적이고 효율적으로 대응할 수 없음을 보여 주는 것이기도 합니다.

여러분은 세계의 질서가 지금과 같은 모습으로 유지될 것이라고 생각하나요? 아니면 시대 상황에 맞는 새로운 사회 시스템이 요구되거나 출현할 가능성이 있다고 생각하나요?

내면화

논술
서평

▶ 내면화 ◀

I. 논설문 쓰기

① 기본 주제

다음 주제 중 하나를 선택하여 자신의 생각을 논술하세요.

1. 존과 무스타파의 대화를 바탕으로 세계국의 배경과 특징을 설명하고 제목 '멋진 신세계'가 의미하는 것이 무엇인지 서술한 후, '멋진 신세계'에 대한 자신의 생각을 논술하세요.

2. 등장인물 존이 추구하는 것이 무엇인지 설명하고 존의 죽음이 의미하는 것과 이에 대한 자신의 생각을 논술하세요.

3. 작품에 등장하는 세계국의 상황 중에서 인간의 존엄성에 가장 치명적인 영향을 주는 것은 무엇이라고 생각하는지 자신의 생각을 논술하세요.

4. 안정을 위해 자유를 희생할 수 있을까요?

5. 문명사회는 존으로 인해 변화할 수 있을까요?

② 심화 주제

1. 신분제 중심의 계급이 사라지면서 인류는 그 어느 때보다 커다란 자유와 평등의 가치를 누리고

있다고들 합니다. 그러나 자본주의 발달 과정에서 생긴 부의 격차는 새로운 불평등을 만들어 내고 있습니다. 세계국도 5개의 계급(알파, 베타, 감마, 델타, 엡실론. 세부적으로는 15계급가량)으로 이루어진 계급 사회입니다. 이곳 사람들은 생물학적으로 계급이 결정된 상태로 태어납니다. 인간 사회에서 계급은 불가피한 것일까요?

2. 린다의 죽음 이후 총통의 방에 소환된 존과 무스타파 몬드가 나눈 대화의 마지막 부분을 기억해 봅시다. 무스타파 몬드와의 대화 끝에 존은 '불행해질 권리'를 요구합니다.
예술, 과학, 종교에 대한 무스타파 몬드의 생각을 정리하고 '불행해질 권리'라는 측면에서 그 생각을 비판하세요.

3. 사회나 국가가 추구해야 하는 가치는 무엇이라고 생각하는지 근거를 들어 논술하세요. (도입부에 가치를 제시하고 가치의 필요성과 적절성 등을 따져 보세요.)

4. 우리는 '멋진 신세계'를 향해 가고 있을까요?

5. 마지막 부분을 다시 읽고, 이를 바탕으로 『멋진 신세계』의 메시지를 써 보세요.

◆ 논설문을 써 봅시다.

주제	
서론	
본론	
결론	

2. 서평 쓰기

『멋진 신세계』 서평을 써 봅시다.

서평 제목					
책 제목		저자		출판사	

(이 책의 65쪽 참고)

생각이 즐거운 독서 활동 03

La Peste

들어가기 전에

한 고등학교에서 『페스트』를 읽고 독서 토론 수업을 하려고 준비하던 중에 코로나19가 발생했습니다. 처음 책을 고를 때 고려했던 사항 중에 큰 비중을 차지한 한 가지는 희소성이었습니다. 카뮈는 매우 유명하지만 20세기 실존주의 철학자 정도로 알고 있는 사람들이 대부분이고, 그의 작품을 들어는 보았더라도 읽은 이는 흔치 않았기 때문입니다. 아이들이 과거의 페스트에서 현재와 미래의 어떤 연결 고리를 발견하길 바랐고, 책을 통해 새로운 관점과 관심 분야를 찾을 수 있기를 기대했습니다. 더하여 학생들의 진학에도 조금이나마 도움이 될 수 있기를 바라는 마음이 있었습니다. 봄 수업을 계획하고 카뮈의 작품들을 읽으면서 그 나름대로 수업 준비를 이어 가던 그 겨울에 코로나19가 터졌습니다. 이제 처음 의도한 '희소성'은 사라지고 말았습니다. 대신 '읽지 않을 수 없는' 책이 되었습니다.

코로나19가 처음 발병했을 때의 공포는 참으로 대단한 것이었습니다. 인류 역사 속에서 전염병은 늘 있어 왔고 인류는 상처를 입긴 했지만 언제나 그 시간을 잘 견디어 왔습니다. 게다가 20세기 후반 이후 기아, 전쟁, 전염병은 인류 전체를 위협하던 고전적 지위를 잃어 가고 있었습니다. 지금의 과학과 의료 기술은 신뢰를 쌓아 왔고, 우리는 충분히 기댈 만하다고 여겼습니다. 그러나 2019년 12월 코로나19가 발병하고 채 몇 달이 가기 전에 전 세계가 얼어붙었고 전대미문의 공포가 우리를 사로잡았습니다.

이 낯설고 긴박한 환경이 『페스트』의 역주행을 낳았습니다. 코로나19로 대부분의 사람들이 집안에 감금되다시피 하고 사회경제적 활동에 제동이 걸린 2020년, 카뮈의 나라 프랑스에서 『페스트』는 전자책 부문(당시는 직접 책을 구매하기는 쉽지 않은 상황이었습니다.) 베스트셀러에 올랐습니다. 당시 베스트셀러에 오른 대부분의 작품은 웹소설이었습니다. 또 영국 가디언은 『페스트』를 '올해의 책'으로 선정하였습니다. 우리나라에서도 eBook을 포함하여 18종의 판본이 소개되었고, TV 프로그램을 비롯하여 강의와 강연이 잇달았습니다.

일상이 멈추고 고립되거나 감금된 처지가 된 사람들, 한순간에 가족을 잃고 장례조차 제대로 치를 수 없는 처지가 된 사람들은 두려움과 위기감, 이별과 고독의 감정을 느꼈고, 부자유와 불안 속에서 온갖 가짜 뉴스와 소문에 시달려야 했습니다. 전염병이 불러온 이 엄청난 사태가 『페스트』라는 소설 속에 마치 재현한 듯 그려져 있습니다. 처음에는 놀라워서, 시간이 흐르면서는 전염병이 갖는 특성과 그에 대응하는 인간의 모습이 과거나 지금이나 크게 다르지 않다는 공감대가 형성되면서 『페스트』는 꾸준히 읽히고 있습니다.

그런데 여기서 한 가지 염려스러운 것은 이런 유행 속에서 읽을 때 『페스트』를 전염병 이야기로만 읽을 위험입니다. 전염병의 발병 양상이나 사람들의 혼란과 두려움, 그 속에서 불안한 삶을 이어 가는 사람들의 모습은 지금 우리의 모습과 겹치면서 관심과 흥미를 불러일으키기에 충분합니다. 그러나 『페스트』를 전염병으로만 읽을 때 전염병의 쇠퇴나 종식과 더불어 작품의 인기도 사그라들 것입니다.

『페스트』가 특정한 전염병만을 염두에 두었다면 고전의 반열에 오르지 못했을 것입니다. 작품 속의 '페스트'는 인간 삶의 조건을 포괄하거나 혹은 인간 삶의 어떠한 특정 조건들을 대입해도 무방한 상징성을 지닌 것으로 보아야 합니다. 그 속에 드러나는 인간들의 다양한 모습 또한 인간이 지닌 보편성 위에서 이해되어야 할 것입니다. 본 교재를 활용하면서 작품을 이해하는 폭을 조금 넓힐 수 있기를 기대해 봅니다.

평소 우리는 잠재된 위험의 존재를 알면서 애써 외면하기도 하고, 반복해서 잘못을 저지르기도 합니다. 사람들을 둘러싼 환경은 일시에 뒤집어지는 것이 아니라 서서히 변하는 것이 일반적인 모습이고 또 그런 환경에 습관이라는 안온한 삶의 방식이 자리하고 있기 때문입니다. 그런데 코로나19가 습관에 젖어 살아가던 우리 일상을 송두리째 뒤흔들었습니다. 잊고 있었거나 혹은 기억의 방 어느 깊은 곳에 가라앉아 있던 의식을 일깨웠습니다. 마치 페스트가 오랑시의 시민들을 일깨웠던 것처럼 말입니다. 그러나 이런 생각과 마음은 얼마나 오래 유지될까요? 언제 쉬이 잊어버리고 습관에 젖은 삶으로 돌아가게 될지 모릅니다. 카뮈는 이런 우리의 마음을 꿰뚫고, 자신을 둘러싼 세계를 늘 생각하고 끊임없이 되새길 것을 주문하였습니다.

'결코 죽거나 소멸되지 않으며, 수십 년 동안 잠복해 있고, 참을성 있게 기다리고 있다가 인간에게 불행과 교훈을 주기 위해 다시 어느 행복한 도시로 찾아오리라는 사실'을 그는 알고 있었기 때문입니다. 그래야 어떻게 살 것인가를 제대로 고민하고 더 나은 선택과 행동으로 나갈 수 있겠지요.

『페스트』라는 작품을 더 잘 읽고, 좋은 생각을 일으키고 엮어 나가는 데 본 교재가 도움이 되면 좋겠습니다. 함께 읽고, 듣고, 말하고, 쓰는 과정들 속에서 사람을 더욱 긍정하고 삶의 의미를 더하여, 나와 내 삶의 위대함을 받아들이는 기쁨과 성취를 맛볼 수 있기를 기대합니다.

활동 목표

1. 작가와 작품의 시대·사회적 배경에 대해 알 수 있다.
2. 사건의 전개를 파악하고 내용을 간추릴 수 있다.
3. 각 인물의 특성과 성격을 이해하고 분석할 수 있다.
4. 여러 관점으로 작품의 메시지를 파악하고, 생각을 글로 쓸 수 있다.
5. 작품의 문제 상황을 현실의 문제로 확장하여 탐구할 수 있다.

활동 내용

겉보기	1. 첫 느낌 나누기	127
	2. 『페스트』에 비추어 오늘날의 전염병 이야기하기	128
알아보기	1. 작가와 작품의 창작 배경 이해하기	130
	2. 작품의 배경 — 알제리와 페스트 알아보기	133
속보기	1. 작품에 대한 이해를 낱말과 문장으로 표현하기	137
	2. 주요 문장을 옮겨 쓰고 이유 밝히기	139
	3. 등장인물 이해하기	143
	4. 작품의 흐름을 파악하고 간추리기	144
깊이보기	1. 시작 부분을 읽고 추론하기	150
	2. 날씨, 공간, 변화를 중심으로 작품 이해하기	151
	3. 주요 인물의 가치관을 분석하고 가치의 충돌 살피기	159
같이보기	1. 질문 블록 순서에 따라 질문 만들기	166
	2. 토의·토론 주제 선정하기	170
	3. 토의·토론 활동하기	171
넓게보기	1. 『페스트』와 『모비 딕』을 연결하여 부조리와 반항 생각해 보기	173
	2. 『페스트』를 바탕으로 현시대의 부조리 탐색하기	174
	3. 『페스트』를 바탕으로 연대의 가능성 모색하기	178
내면화	1. 논설문 쓰기	181
	2. 서평 쓰기	184

『페스트』

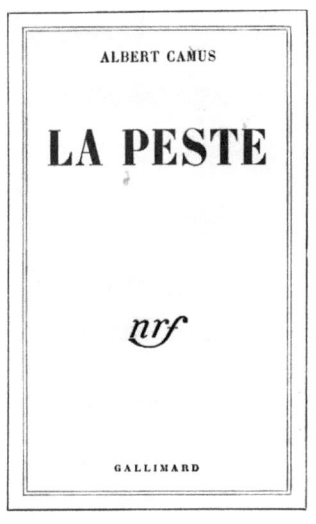 

『페스트』 1947년 출간

『페스트』는 1957년 43세의 나이로 역대 최연소 노벨 문학상을 수상한 카뮈의 다섯 번째 작품이다. 1947년 출간 당시 한 달 만에 초판 2만 부가 매진되어 그의 작품 중 처음으로 상업적 성공을 거두었으며, 그해 '비평가상'을 수상하며 작품성 또한 인정받았다.

지금껏 프랑스어판만 500만 부 이상 판매되었으며, 옵서버 선정 '가장 위대한 소설 100'에 선정되었다. 우리나라에서도 서울대학교 선정 '고전 200선', 국립중앙도서관 선정 '고전 100선'에 이름을 올리며 20세기 출간된 고전으로서 굳건히 자리매김하고 있다.

『페스트』는 집필 시기가 2차 세계대전과 맞물리면서, 전쟁과 폭력이라는 부조리에 대한 상징으로 읽히기도 하고, 작가의 개인적 경험을 바탕으로 이해되기도 한다. 그러나 페스트를 특정한 하나의 부조리나 개인적 경험의 산물로만 이해하는 것은 작품을 매우 협소하게 읽어 내는 것이다. 인간 혹은 인간 집단이 삶의 과정에서 언제 어디서라도 부딪힐 수 있는 부조리와, 그 부조리를 마주한 인간의 모습으로 이해하려 할 때 작품은 더욱 폭넓은 이해와 가치를 품고 다가올 것이다.

겉보기

느낌
경험
장면
제사(題詞)

▶ 겉보기 ◀

I. 첫 느낌 나누기

◆ 책을 읽고 난 후 처음 느낀 감정은 무엇이었나요? 자신이 느낀 감정을 이야기해 봅시다.

◆ 책을 읽기 전 '페스트'라는 질병에 대해 들어 본 적이 있었나요? 내가 알고 있던 페스트와 책 속의 페스트는 어떻게 달랐나요?

◆ 책을 읽고 기억에 남는 장면이나 내용에 대해 이야기해 봅시다.

◆ 작품의 제사(題詞)로 쓰인 아래 글은 『로빈슨 크루소 Robinson Crusoe』 제3권의 디포의 서문에서 따왔습니다. 이 문장의 뜻을 생각해 보고, 작가가 이 말을 인용한 까닭이 무엇인지 함께 이야기해 봅시다.

어떤 형태의 감금 상태를 다른 형태로 표현해 보는 것은 그것이 무엇이든 실제로 존재하는 것을 존재하지 않는 것으로 표현해 보는 것만큼이나 합리적이다.

다니엘 디포

2. 『페스트』에 비추어 오늘날의 전염병 이야기하기

우리는 코로나19 대유행을 거치면서 전염병의 위력을 몸소 체험했습니다. 이 과정에서 전염병에 대해 무엇을 알게 되었을까요? 여러분은 전염병에 대해 어떤 생각의 변화를 겪게 되었나요? 책과 연결하여 이야기해 봅시다.

알아보기

알베르 카뮈
창작 배경
알제리
페스트

▶ 알아보기 ◀

I. 작가와 작품의 창작 배경 이해하기

① 알베르 카뮈(Albert camus, 1913. 11. 7.~1960. 1. 4.)

'이 시대 인간의 정의를 탁월한 통찰력과 진정성으로 밝힌 작가'

노벨위원회(스웨덴 한림원)

　카뮈는 1913년 프랑스의 식민지였던 알제리 몽도비에서 태어났다. 아버지 뤼시앵 카뮈는 알제리 이주 노동자였다. 1차 세계 대전이 나자 징집되었으며 마른 전투에서 입은 부상으로 사망했다. 어머니 카트린 생테스는 스페인 출신으로 문맹에 귀머거리였다. 남편이 죽자 화약 제조 공장 노동자로, 또 가정부로 일하며 생계를 돌보았다.
　가난한 어린 시절을 보내던 카뮈는 초등학교 시절 선생님(루이 제르맹)의 각별한 애정과 지도로 학업을 계속할 수 있었다. 알제 고등학교에서 장학생으로 수학한 카뮈는 이때 평생의 스승인 장 그르니에를 만나게 된다. 그르니에와의 만남에서 읽은 책과 대화는 그의 문학에 큰 영향을 주었다.
　카뮈는 청년 시절 잠시 공산당에 가입하였으나 노선과 내면의 갈등으로 결별하였다. 그는 2차 세계 대전 당시 프랑스 레지스탕스 언론 조직 '콩바'에서 활동하며 나치에 저항하였고 전쟁 후에는 인권 운동에 매진하였다. 특히 사형제도를 반대하였으며 사형제도에 대해 쓴 에세이 「단두대에 관한 성찰」을 발표한 1957년, 노벨 문학상을 수상하였다. 역대 최연소 수상이었다.
　대학 시절 발병한 폐결핵은 평생 그를 괴롭혔다. 유망한 골키퍼였던 그는 축구를 그만두어야 했고, 전쟁에 참전하기 위해 군대에 가려 했으나 갈 수 없었고, 가난 속에서 여러 곳을 전전해야 했다. 그러나 폐결핵도 그의 삶과 문학에 대한 열정을 멈추게 하지는 못했다.
　카뮈는 『안과 겉』(1937)을 출간한 이후 일찍부터 '작품이라 부를 수 있는 작품 계획'을 세운 것으로 보인다. 카뮈가 설정한 작품의 윤곽은 거부(소설 『이방인』, 희곡 『칼리굴라』, 철학적 에세이 『시지프 신화』로 부조리의 단계), 긍정(소설 『페스트』, 『계엄령』, 희곡 『정의의 사람들』, 철학적 에세이 『반항하는 인간』으로 반항의 단계), 그리고 사랑의 세 단계이다.

그의 구상은 9권으로 이루어진 『작가수첩 Carnets』에 단편적으로, 때로는 구체성을 띠며 기록되어 있다. 그는 부조리와 반항을 완성하고 사랑의 단계를 구상하고 집필하던 중 불의의 교통사고로 생을 마감하게 된다. 1960년, 크리스마스 휴가를 보내고 친구가 운전하는 차를 타고 파리로 돌아오던 중 일어난 사고였다. 카뮈는 그 자리에서 사망하였다.

주요 작품으로 『안과 겉 L'Envers et l'endroit』(1937), 『결혼 Noces』(1939), 『이방인 L'Étranger』(1942), 『시지프 신화 Le Mythe de Sisyphe』(1942), 『칼리굴라 Caligula』(1944), 『페스트 La peste』(1947), 『계엄령 L'Etat de siège』(1948), 『정의의 사람들 Les Justes』(1949), 『반항하는 인간 L'homme révolté』(1951), 『전락 La Chute』(1956) 등이 있다.

② 창작 배경

구상과 집필

카뮈의 『작가수첩 Carnets』에는 『페스트』에 대한 단편적인 구상에서 인물 설정과 에피소드, 작품의 배경이 되는 오랑의 풍경, 주제와 제목에 대한 고민, 전쟁과 페스트의 관계 등의 내용이 풍부하게 들어 있다. 『페스트』에 대한 메모는 1938년 12월에 처음 보인다. 작품에 대한 메모가 집중되고 구체화된 것은 1942년부터다. 『시지프 신화』(1941년 완성)를 끝으로 세 가지 '부조리'를 끝낸 후 본격적으로 '반항'의 테마를 구상하고 작업하기 시작한 것이다. 이 시기부터 작품을 탈고하는 1946년(1947년 출간)까지의 대략 5년을 집필의 주요 기간으로 볼 수 있다.

페스트와 전쟁

2차 세계 대전의 발발 양상과 페스트에서 유사성을 발견하고 『페스트』를 써 나간다. 전쟁으로 수인(囚人)이 되어 이별할 수밖에 없었던 카뮈 자신의 감금 상태는 전쟁의 폭력과 억압으로 인한 인간의 감금 상태로 확대되어 페스트가 창궐한 오랑시의 모습으로 표현된다. 페스트는 인간과 세계 사이의 대면에서 일어나는 어떤 다른 부조리로 치환될 수도 있다.

카뮈는 "『페스트』에는 미소도 없고 유머도 없다. 이 작품은 그만큼 어두운 시대의 연대기인 것이다."라고 했다. 당시의 어두운 시대 상황과 고립된 자신의 처지가 반영된 말이다. 그가 작품의 제목을 두고 고민한 '수인들, 추방당한 사람들, 헤어진 사람들, 공포' 속에도 이런 생각은 이어지고 있다.

페스트와 반항

카뮈의 철학과 문학은 '부조리와 반항'으로 설명되곤 한다. 그는 철학적 에세이 『시지프 신화』에서 '부조리의 추론' 과정을, 『반항하는 인간』에서 그 귀결로서 '반항'이라는 삶의 방식을 이끌어 냈다.

부조리는 침묵하는 세계와 해명을 요구하는 인간 사이의 맞대면에서 솟아난다. 죽음으로 인해 필연적으로 한정된 시간을 살 수밖에 없는 인간이 할 수 있는 선택은 세 가지이니, 죽는가, 즉 자살하든가, 종교와 같은 것에 희망을 걸든가, 아니면 반항하는 것이다.

부조리가 인간과 세계가 맺는 관계 속에서 성립한다는 점을 고려하면, 자살은 부조리를 이루는 한 축을 없애 버리므로 성립할 수 없다. 종교에 기대는 초월적 희망은 삶의 무대 안에서 이루어지는 것이 아니므로 하나의 비약이다. 자살과 희망은 부조리로부터의 도피인 것이다. 카뮈는 이것을 '철학적 자살'이라고까지 불렀다.

그렇다면 남는 것은 반항이다. 반항은 세상을 등지지 않고 그 안에서 살아가기로 결심하는 것, 그리고 그 속에서 부조리를 의식하면서 자신의 전부를 소진시키는 것이다. 한 생애 전체에 걸쳐 있는 반항은 삶에 가치를 부여하고 그 삶의 위대함을 회복시킨다.

페스트는 어느 날 갑자기, 까닭도 없이 오랑시에 등장해 오랑시 시민들을 죽음으로 몰아갔다. 그 누구도 페스트의 공포를 피할 수 없는 상황에서 인간은 어떤 선택을 해야 할까? 카뮈는 자신에게 주어진 일을 하고, 타인을 도우며, 매일의 삶에서 최선을 다하는 것으로 페스트에 저항해야 한다고 말한다. 부조리한 거대한 세상에 순응하는 것이 아니라 적극적으로 반항하는 삶을 살 때 인간은 삶의 주인이 될 수 있다.

◆ 카뮈의 철학과 문학의 중심에 있는 '부조리와 반항'에 대해 알아보세요.

2. 작품의 배경 - 알제리와 페스트 알아보기

작품 이해를 돕기 위해 작품 배경에 대해 살펴봅시다.

① 알제리

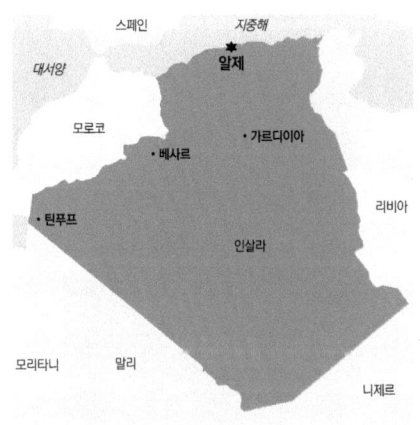

알제리 민족해방전선 지도자들

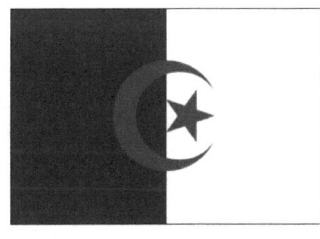

- 언어: 아랍어, 베르베르어
- 종교: 이슬람교(수니파)
- 1830년~1962년 프랑스 통치
- 1954년~1962년 독립전쟁
- 1962년 7월 독립

알제리는 아프리카 대륙 북부에 위치한 국가로 아프리카에서 두 번째로 큰 영토를 차지하고 있다. 수도는 알제이며 종교는 이슬람이다. (알제리의 원래 명칭은 '알자자이르'인데 프랑스가 점령하면서 프랑스식 발음인 알제리로 부르게 되었다.) 언어는 아랍어와 베르베르어, 프랑스어를 사용한다. 알제리는 1830년 프랑스에 점령되었고 1843년 프랑스 영토로 편입되었다. 아프리카 북단에 위치하고 있는 알제리는 아프리카를 점령하려 했던 프랑스에게 지리적으로 중요한 곳이었다. 1905년 프랑스는 사하라 사막을 점령함으로써 알제리 전 영토를 지배하게 되었다. 이후 알제리는 2차 세계 대전에 프랑스와 함께 참전했으며 종전 이후 알제리의 독립을 요구했지만 받아들여지지 않았다. 이에 알제리의 독립운동가들은 '알제리 민족해방전선(FLN: Front de la Liberation Nitionale)'을 결성하고 독립운동에 나섰으며 이후 7년 4개월에 이르는 독립전쟁을 시작했다. 이로 인해 알제리 군인 및 민간인, 프랑스 군인 등 약 50만 명이 희생되었다.

알제리 독립은 프랑스 입장에서는 난제였다. 알제리 내부에서는 독립에 대해 여러 노선으로 나누어져 있는 상황이었고 프랑스 내에서 벌어지는 무력 시위와 인명 피해로 인해 프랑스의 여론도 좋지 않았던 것이다. 이러한 상황을 해결하기 위해 프랑스 전 수상이었던 샤를 드골 대통령이 재등장하게 되었다. 샤를 드골 대통령은 알제리의 민족자결권 승인을 원칙으로 하는 방침을 세웠고 알제리는 마침내 1962년 프랑스로부터 독립하게 되었다.

알제리의 독립에 대해 카뮈는 '프랑스와 알제리를 평등하게 대우하되 독립은 반대한다'는 입장을 취했다. 이런 카뮈의 태도는 프랑스와 알제리 양측 모두에게 비판을 받기도 했다.

♠ 카뮈는 알제리에서 나고 자랐고 알제리를 위해 노력한 작가입니다. 그러나 그는 알제리 식민이 아닌 프랑스 시민이었습니다. 프랑스는 알제리가 프랑스에 속한 땅이라 여겼고 알제리 국민들에게 동화 정책을 썼습니다. 그러나 전통적인 가톨릭 국가인 프랑스와 국민 다수가 아랍-베르베르인으로 이슬람을 믿는 알제리는 서로 다를 수밖에 없었습니다. 작품 속에 알제리 문화가 떠오르는 장면이 있었나요? 아랍-베르베르인의 존재와 삶, 정서를 느낄 수 있었나요? 알제리와 프랑스의 관계를 염두에 두고 『페스트』속의 알제리에 대해 생각해 봅시다.

② 전염병 '페스트'

페스트 혹은 흑사병은 페스트균(Yersinia pestis)에 의해 발생하는 급성 열성 감염병이다. 페스트는 쥐에 기생하는 벼룩이 매개하는 감염병으로 페스트균을 가지고 있는 벼룩이 사람을 물 때 전파된다. 흑사병은 증상에 따라 가래톳 흑사병(Bubonic plague), 패혈증형 흑사병(Septicemic plague), 폐렴형 흑사병(Pneumonic plague) 등으로 구분한다. 국내에서는 최근 발병이 보고된 바 없으며 아시아, 아프리카, 아메리카 대륙에서 부분적으로 발생하고 있다. 페스트에 걸리면 항생제를 투여하여 치료한다. 페스트는 빠른 진단과 치료가 중요하다. 치료가 지연되면 사망에 이르게 된다. (서울대학교병원 의학정보 참조)

『페스트』에서 전염병 초기에 감염되어 사망한 수위 미셸 영감은 발열과 함께 목, 겨드랑이, 사타구니 부위에 단단한 멍울이 생기며 통증을 호소하였다. 이는 가래톳 페스트의 전형적인 증상이다. 초기 오랑시의 페스트는 가래톳 페스트를 중심으로 확산한 것으로 보인다. 그러나 여름이 되면서 폐병 형태의 새로운 페스트가 등장하여 질병의 양상이 달라진다.

최초로 가장 크게 유행했던 페스트는 유스티니아누스 역병(Plague of Justinian)이었던 것으로 알려졌다. 541년경 콘스탄티노플(동로마 제국 중심지)에서 발생한 이 병은 6만여 명에 이르는 사람들의 목숨을 빼앗고 그 뒤 3년 동안 이집트와 페르시아를 휩쓸면서 수백만 명에 이르는 희생자를 냈다. 그 후 페스트가 다시 모습을 드러낸 것은 수백 년이 지난 후의 일이었다. 이번 무대는 바로 유럽이었다. 1347년에서 1351년까지 페스트는 중세 유럽을 휩쓸며 닥치는 대로 사람들의 목숨을 앗아 갔다. 당시 페스트로 사망한 사람은 적어도 2,500만 명이 넘는다. 몇몇 역사학자들은 이때 유럽 인구의 3분의 1이 페스트로 희생되었다고 말한다.

1338년 11만 명이 넘던 피렌체 인구는 1351년 5만 명까지 줄어들었고, 10만 명가량이던 파리 인구도 절반이 죽었다. 1350년경 17만 가구가 살았던 독일에는 100년 후 4만 가구만 남았다고 한다. 14세기에 페스트는 유럽 이외 지역에서도 유행했다. 중국에서는 페스트로 의심되는 전염병에 의해 약 1,300만 명이 목숨을 잃었으며, 페스트의 발원지로 추정되는 중앙아시아 및 서남아시아 지방에서도 약 2,400만 명이 목숨을 잃었다. 20세기 전까지 페스트로 죽은 사람을 모두 합치면 7,500만 명~2억 명에 이를 것으로 추정한다.

『역사 속의 질병, 사회 속의 질병』 참조

프랑스 화가 미셸 세레가 1721년 흑사병이 창궐한 프랑스 마르세유의 모습을 그린 작품

속보기

낱말과 문장
옮겨 쓰기
등장인물
간추리기
사건의 흐름

▶ **속보기** ◀

지금부터 작품을 읽고 내가 이해한 것을 중심으로 활동해 봅시다.

I. 작품에 대한 이해를 낱말과 문장으로 표현하기

◆ 책을 읽고 떠오르는 낱말을 자유롭게 써 보세요.

◆ 자유롭게 떠올린 낱말 중에서 중요하다고 생각하는 낱말을 골라 보세요. (6개 이상)

◆ 위 낱말을 활용하여 이 책을 설명하는 문장을 만들어 보세요.

번호	낱말	문장으로 표현하기
1		
2		

3		
4		
5		
6		
7		

◆ 작품의 주제어라고 할 만한 것은 무엇인가요?

◆ 위 낱말을 넣어 작품을 표현하는 문장을 만들어 보세요.

번호	낱말	문장으로 표현하기
1		
2		
3		
4		
5		
6		
7		

2. 주요 문장을 옮겨 쓰고 이유 밝히기

◆ 인상 깊은 문장을 발췌하고, 발췌한 이유를 정리해 보세요.

(　　쪽)

이유	

(　　쪽)

이유	

(　　쪽)

이유	

◆ 핵심 문장을 발췌하고, 발췌한 이유를 정리해 보세요.

(　　쪽)

이유	

(쪽)
이유

(쪽)
이유

◆ 이 책을 읽으면서 나만의 언어로 말하고 싶은 부분이 있었나요? 곰곰이 생각해 보고 기억에 남는 문장을 찾아 자신의 언어로 다시 써 보세요.

(쪽)

(쪽)

(쪽)

3. 등장인물 이해하기

등장인물을 중요하다고 생각하는 순서에 따라 정리하고, 주요 인물로 판단한 이유를 제시하세요. 각 인물에 대한 정보와 인물의 특징, 작품에서의 역할, 인물에 대한 나의 생각과 판단 등에 대해 정리해 보세요.

인물 1 _____

인물 2 _____

인물 3 _____

인물 4 _____

인물 5 _____

인물 6 _____

인물 7 _____

4. 작품의 흐름을 파악하고 간추리기

◆ 작품의 내용을 어떤 방법으로 간추릴 수 있는지 생각해 봅시다. 그 가운데 하나를 선택하여 작품의 줄거리를 써 보세요.

| 인물 중심 | 사건 중심 | 시간 흐름 | |

◆ '페스트 발병 일지'를 따라가며 오랑 시민의 심리와 행동의 변화를 정리해 봅시다.

구분	주요 내용	질병의 전개	오랑 시민의 심리와 행동의 변화
1부	발병 징후	4.16 리외는 진료실에서 나오다가 층계참 한가운데서 죽은 쥐 한 마리를 밟음 4.17 동네 사람들이 온통 쥐 이야기를 함 4.18 리외는 쥐 소탕이 필요하다고 생각했으며, 시 당국은 이 문제를 토의 4.25 하루에 6,231마리의 쥐를 소각했다는 라디오 방송	원인과 규모를 알 수 없는 이 현상에서 어떤 위협적인 면을 알아차림
	환자 발생	4.28 쥐들이 죽는 현상이 갑자기 그침, 수위 미셸 영감이 발병함 4.30 미셸 영감이 병원으로 이송 도중 사망함(첫 희생자)	
	페스트 인정	5월 첫 주 며칠 사이 사망 건수가 배로 증가함, 리외와 카스텔은 페스트로 확신하고 보건위원회가 소집됨 - 당국은 청결, 환자 격리, 소독, 위생 감독 등의 내용을 담은 대책 발표 - 사망자가 급증하여 유아원에 보조 병원을 개설하고, 중앙정부에 지침 요청 - 전염병 확산으로 '페스트 사태를 선언하고 도시를 폐쇄'	

2부	페스트의 확산	5월 발생 3주 후 사망자 302명 보도(오랑 인구 20만) - 시 폐쇄 3주 후부터 사망자는 주당 500명에 이름, 세 곳의 임시 병원 운영	신부의 설교 주일 이후 시에 두려움이 퍼지고 시민들은 자신의 상황을 의식하기 시작함
		6월 말 뜨거운 여름 태양과 함께 주당 700여 명의 희생자가 나옴 - 시의 출입문에서 소요가 임, 당국은 외출금지령을 강조하고 순찰함 - 벼룩을 옮길 가능성이 있는 개와 고양이를 사살하라는 명령이 내려짐 - 페스트 때문에 오랑의 중심 산업인 관광사업이 파탄 지경에 이름	
	페스트의 출현	7월 폐병 양상을 띠는 페스트가 출현함으로써 병은 새로운 양상을 띰 - 타루를 중심으로 자원 보건대를 조직함 - 랑베르는 오랑을 벗어날 방법을 물색하고, 코타르가 도시 탈출을 돕는 불법 조직을 소개함 - 리외 환자 가운데 한 명의 완치자가 나옴 - 랑베르는 도시를 떠날 때까지 리외와 함께 일할 것을 청함	사람들은 종교보다 쾌락과 향락을 추구하게 됨
3부	페스트에 굴복한 도시	8월 중순 페스트가 모든 것을 삼킴 - 페스트가 심각해짐에 따라 사망자를 매장하는 방식은 집단 매장에서 화장에 이름	개인의 운명은 없고, 페스트라는 집단적 사건과 모든 사람들이 공유하는 감정만이 존재

4부	새로운 시도	9월과 10월 검사 오통 씨의 어린 아들 필리프가 병원으로 이송됨 - 카스텔이 새로운 혈청 제품을 완성 - 랑베르는 떠나지 않고 오랑에 남아 함께하기로 함	
		10월 말 카스텔의 혈청이 처음으로 오통의 아들에게 시험되었으나 결국 사망 - 가족 구성원을 분리하여 격리하는 등 예방 격리가 체계화됨	사람들은 성당에 다니기보다 미신에 빠져듦
	절정에 이른 페스트	11월 전문가(의사 리샤르)는 페스트가 정점에 이르러 안정 단계에 도달했으며, 앞으로는 쇠퇴밖에 남지 않았다고 함, 그는 이 시기에 사망함 - 카스텔의 혈청이 몇 차례 성공을 거둠 - 폐페스트가 도시 전체에 퍼져나감(환자들은 피를 토하며 더 단기간에 사망) - 생필품 가격이 폭등함(가난한 가정은 더욱 괴로운 상황에, 부유한 가정은 부족함 없이 생활함)	
	쇠퇴의 징후	12월 검사 오통은 격리 기간이 끝나자 휴가를 내고 수용소에 돌아가 자원봉사함 - 랑베르는 보초들을 통해 아내와 편지를 주고받음, 리외도 아내에게 편지함 - 코타르는 몇 가지 자잘한 암거래를 통해 부자가 됨 - 그랑이 폐페스트에 감염되었으나 극적으로 회복되고, 그 주에 4명의 환자가 호전됨 - 지난 4월 이후 한 마리도 없던 쥐가 다시 나타남 - 사망률 감소가 통계 수치로 나타남	장기간 지속되는 질병 속에서 의사와 병에 관여한 사람들의 피로는 극한에 다다르고, 환자들은 협조적이게 됨

5부	페스트의 쇠퇴와 종식	1월 초순 맹추위와 함께 페스트는 크게 위축됨 - 카스텔의 혈청이 여러 차례 성공을 거두었고 의사들의 조치도 효과를 냄 - 오통 검사는 페스트로 사망함	희망이 꿈틀댐: 사람들은 페스트 이후의 삶에 대해 이야기하기 시작함
	마지막 시간들 (혹은 환희의 시간)	1월 중순 낙관주의가 퍼지기 시작 - 물가도 현저히 하락, 공동생활도 재시작 1월 25일 도청은 질병이 근절되었다고 공식 발표함 - 2주일 동안 시 출입문은 계속 폐쇄하며, 예방조치도 한 달간 유지 - 등화관제를 해제 2월 시 출입문 개방 며칠 전 타루가 발병하여 끝내 사망함 - 리외는 아내의 사망 소식을 들음 - 드디어 시의 출입문이 개방되고 환희의 시간들이 옴 - 코타르는 자신의 아파트에서 시민들을 향해 총을 난사하다 경찰에 체포됨	

깊이보기

작품의 시작
날씨
공간
변화
인물의 가치관
가치의 충돌

▶ 깊이보기 ◀

지금까지 작품에 대해 이해한 것을 바탕으로 추론, 요약, 분석 활동을 해 봅시다.

1. 시작 부분을 읽고 추론하기

◆ 작품의 시작 부분 다시 읽어 보세요. 시작 부분을 통해 알 수 있거나 추론할 수 있는 것은 무엇인가요?

(처음 -   쪽)

추론	

◆ 작가가 시작 부분에서 중점을 둔 것은 무엇이라고 생각하나요? 자유롭게 생각을 이야기해 봅시다.

2. 날씨, 공간, 변화를 중심으로 작품 이해하기

① 날씨를 중심으로

『페스트』에는 오랑시의 날씨를 묘사하는 부분이 자주 등장합니다. "하루 종일 뜨거운 바람이 불어 벽들이 말라 가고 어디에서도 피할 수 없는 눈부신 태양이 거리 구석구석까지 시민들을 쫓아온다."처럼 페스트가 창궐한 도시에서 날씨는 그곳의 분위기와 사람들의 심리 상태를 드러내는 효과적인 장치로 작용하고 있습니다. 작품에서 오랑의 날씨와 날씨 변화가 페스트의 전개와 시민들의 상황, 심리를 이해하는 데 도움이 되는 부분을 찾아 보세요. 해당 부분을 옮겨 쓰고, 자신이 이해한 내용을 설명해 보세요.

No.1

(　쪽) - 날씨

이해	

No.2

(　쪽) - 날씨

이해	

No.3

(　　쪽) - 날씨

이해	

No.4

(　　쪽) - 날씨

이해	

지중해는 여름의 뜨거운 태양과 겨울철 온화한 날씨로 유명합니다. 많은 사람들이 지중해에서 여름휴가를 보내는 이유가 바로 지중해의 날씨 때문이라고 해도 과언은 아닙니다. 날씨는 자신의 시간과 돈을 들여 누리고 싶을 만큼 인간에게 중요한 듯합니다.

카뮈의 작품에는 날씨와 관련된 내용이 자주 등장합니다. 『이방인』을 비롯한 다른 작품에도 날씨와 기후는 자주 언급됩니다.

카뮈가 그의 작품에서 날씨를 중요하게 다룬 이유는 무엇일까요? 날씨가 상징하는 것은 무엇일까요? 또 인간에게 날씨는 어떤 의미이며 어떤 영향을 주고 있을까요?

② 공간을 중심으로

오랑 시민의 죽음이 페스트로 인한 것임을 공식적으로 확인한 후 가장 먼저 변화된 것은 공간입니다. 오랑시는 즉시 폐쇄되었고 일상적인 삶의 공간들은 그 의미가 달라졌습니다. 자유롭게 걸었던 거리도, 사람들을 원하는 곳으로 데려다주었던 기차도, 뜨거운 여름을 즐기는 사람들로 가득하던 해변도 모두 달라졌습니다. 일상적 의미를 빼앗긴 공간은 무의미해지거나 아니면 삶과 죽음을 비롯한 모든 의미 있는 것들을 변질시킵니다.

삶과 페스트가 공존하는 오랑시의 여러 공간(장소)들을 살펴보고, 페스트로 인한 일상적 공간의 의미 변화를 읽어 봅시다. 작품 전체에 비추어 각 공간이 의미하는 바가 무엇인지 설명해 보세요.

◆ 의미 변화를 알아보고 싶은 공간이 어디인지 생각해 봅시다.

공간 1	공간 2	공간 3	공간 4	공간 5	공간 6

◆ 공간을 선택하고 책에서 각 공간의 특징이 잘 드러나는 부분을 찾아봅시다.

No.1

(쪽) - 공간

이해	

No.2

(쪽) - 공간

이해	

No.3

(쪽) - 공간
이해	

No.4

(쪽) - 공간
이해	

No.5

(쪽) - 공간
이해	

No.6

(쪽) - 공간	
이해	

　모든 사람은 태어나는 순간 일정한 공간을 차지합니다. 태어난 도시, 다니는 학교, 친구들과 만나는 카페, 가족들이 모이는 거실, 내 방 등 익숙한 공간은 우리에게 안정과 편안함을 줍니다. 그런데 이런 공간이 낯설게 다가올 때가 있습니다. 나의 의지로 머문다고 생각했던 공간에서 타의에 의해 머물 수밖에 없는 공간으로 변했을 때, 그 공간은 불안하고 불편한 곳이 됩니다.

　우리는 공간에 종속된 존재일까요? 아니면 공간을 통제하고 한계를 극복하는 존재일까요? 여러분은 공간을 어떻게 이해하고 있나요?

③ 변화를 중심으로

　페스트가 발병하기 전 오랑시는 습관과 권태에 젖은 속물적인 도시로 묘사됩니다. 그러나 페스트가 발병함에 따라 오랑 시민을 둘러싼 삶의 조건은 변하게 되고, 시민들의 의식과 태도도 바뀌게 됩니다. 이러한 내용이 두드러진 부분을 찾아 간략히 요약하고, 변화의 의미를 추론해 봅시다.

No.1

요약	(　　쪽)
추론	

No.2

요약	(　　쪽)
추론	

No.3

요약	(　　쪽)
추론	

3. 주요 인물의 가치관을 분석하고 가치의 충돌 살피기

이 작품은 '페스트'라는 전염병에 맞서 각자의 자리에서 삶을 지켜 내려는 인물들의 모습이 중요합니다. 각 인물의 태도와 행동에 초점을 맞춰 작품을 살펴봅시다.

> 카뮈는 인간의 다양한 삶의 모습을 대부분 긍정하였습니다. 『페스트』에서도 리외의 입을 통해 그려지는 인물들에 대해 윤리 도덕을 내세워 판단하지 않습니다. 심지어 살인을 저지르고 숨어 살고 있는 코타르조차도 쉬이 재단하지 않습니다. (카뮈는 자살과 마찬가지 이유로 살해도 부정했습니다. 그런 면에서 코타르는 유일하게 카뮈가 긍정할 수 없는 인물일 것입니다.) 카뮈가 표현한 대로 저마다 '인간적 반항이라는 열정에 찬 불꽃'이기 때문입니다. 페스트라는 부조리 속에 살아가는 인물들을 통해 카뮈가 긍정한 인간의 모습을 생각해 봅시다. 카뮈가 각 인물을 통해 드러내고자 한 것은 무엇이라고 생각하나요?

① 리외

발췌	→ 작품의 여러 장면에서 인물의 가치관이 드러나는 부분(생각, 태도, 행동, 말 등)을 찾아 써 보세요. (쪽)
가치관	→ 위 내용을 바탕으로 인물이 지닌 가치관을 정리해 보세요.
시사점	→ 인물의 가치관이 의미하는 것은 무엇이며, 시사하는 바는 무엇인지 생각을 정리해 보세요. (시사점의 사전적 의미는 '미리 알려 주는 암시'이다. 어떤 것에 대해 알아차릴 수 있도록 미리, 간접적으로 나타내거나 일러 주는 내용이라 할 수 있다.)

② 타루

	(쪽)
발췌	
가치관	
시사점	

③ 그랑

	(쪽)
발췌	
가치관	
시사점	

④ 랑베르

발췌	(　　쪽)
가치관	
시사점	

⑤ 파늘루 신부

발췌	(　　쪽)
가치관	
시사점	

⑥ 코타르

발췌	(쪽)
가치관	
시사점	

⑦ 그 외 인물: 오통, 리샤르, 해수병 노인 등

발췌	(쪽)
가치관	
시사점	

◆ 작품 속에서 인물 간의 가치가 충돌하는 부분을 찾아 그 내용을 요약하고 쟁점을 찾아 보세요.

No.1

요약	(쪽)
쟁점	

No.2

요약	(쪽)
쟁점	

No.3

요약	(쪽)
쟁점	

No.4

요약	(　쪽)
쟁점	

No.5

요약	(　쪽)
쟁점	

No.6

요약	(　쪽)
쟁점	

같이보기

질문 블록
주제 선정
토의·토론

▶ 같이보기 ◀

작품에 대한 감상과 이해, 분석 과정을 어느 정도 해 보았습니다. 지금부터는 좀 더 능동적으로 질문하고 토의·토론하는 시간을 가져 봅시다.

1. 질문 블록 순서에 따라 질문 만들기

✔ 질문 블록 활동에 대해 알아봅시다.

질문 블록은 문학 작품의 이해를 돕고, 다양한 관점에서 질문할 수 있도록 고안된 질문 도구입니다. 우리는 누구나 질문할 줄 압니다. 그러나 좋은 질문을, 잘 하지 못할 때가 많습니다. 책을 읽고 떠오르는 질문을 해 보라고 하면 막막해지기도 합니다. 질문 블록은 질문에 대한 부담감을 줄여 주고, 질문의 폭을 넓히며, 좋은 질문을 하는 데 구체적인 방법을 제시해 줍니다.

어렸을 때 한 번쯤 블록을 쏟아 놓고 놀아 본 적이 있지요. 아이들은 블록 조각을 요리조리 맞춰 보며 무언가를 만들었다 허물었다 하며 놉니다. 질문 블록은 아이들이 블록을 가지고 노는 데서 착안하였습니다. 작품을 이해하는 데 중요한 요소들을 몇 가지 항목으로 나누어 질문의 재료가 되는 블록 조각들을 준비합니다. 준비한 블록 조각을 질문 방법과 결합하여 질문을 만들면 됩니다. 블록 조각 몇 개를 결합할지, 어떤 요소에서 선택할지, 스스로 고를지 아니면 다른 사람이 골라 주게 할지 등에 따라 다양한 형태와 내용의 질문이 나올 수 있습니다.

질문 블록은 ①예상하지 못한 새로운 질문을 떠올리고, ②질문이 작품 일부에 치우치지 않고, ③좋은 질문을 하고 ④목적에 알맞은 질문을 가려 내어 ⑤대화와 토의·토론 과정으로 이어 가는 데 그 목적이 있습니다.

◆ 앞의 활동을 돌아보며 블록 조각을 완성하세요. 아래 '질문 방법' 칸은 의문부사(왜, 만약, 어떻게 등)와 의문문이 되는 서술어(~일까요?/~옳을까요?/~필요할까요?/해야 할까요? 등)를 최대한 많이 적어 보세요.

블록 조각				
인물	사건 (상황, 생각, 행동)	주요 낱말 (책 속 낱말, 어구)	주제어	질문 방법
①	①	①	①	①
②	②	②	②	②
③	③	③	③	③
④	④	④	④	④
⑤	⑤	⑤	⑤	⑤
⑥	⑥	⑥	⑥	⑥
⑦	⑦	⑦	⑦	⑦
⑧	⑧	⑧	⑧	⑧
⑨	⑨	⑨	⑨	⑨
⑩	⑩	⑩	⑩	⑩
~	~	~	~	~

◆ 위 블록 조각(들)과 질문 방법을 더하여 다양한 질문을 만들어 봅시다.

질문1.

질문2.

질문3.

질문4.

질문5.

질문6.

질문7.

질문8.

질문9.

질문10.

◆ 질문 만드는 데에 익숙하지 않을 때는 아래와 같은 방법으로 연습해 보세요.

위 블록 조각을 활용하여 내용을 확인하고, 알 수 있는 질문을 만들어 봅시다.
(꼭 기억하고 알아야 하는 내용을 먼저 고릅니다.)

번호	답 [블록 조각]	질문 [해당 블록 조각이 답이 될 수 있도록 질문하기]
1		
2		
3		
4		
5		
6		
7		
8		
9		
10		
11		
12		
13		

2. 토의·토론 주제 선정하기

앞서 만들었던 질문에서 토의·토론 주제를 선정해 봅시다. 주제를 선정할 때는 기준을 정하고 주제의 중요성과 가치를 따져 보세요. 아울러 주제를 중심으로 활동할 때 예상되는 쟁점은 무엇인지, 그리고 함께하는 참여자들에게 기대하는 것은 무엇인지도 이야기해 보세요.

1.
2.
3.
4.
5.

3. 토의·토론 활동하기

위 활동에서 선정된 주제를 중심으로 토의·토론을 해 보세요.

선정 주제	

선정 주제	

선정 주제	

선정 주제	

선정 주제	

넓게보기

『모비 딕』
환경의 부조리
사회의 부조리
연대

▶ 넓게보기 ◀

지금부터는 『페스트』라는 작품을 뿌리에 두고 좀 더 다양한 가지를 뻗어 생각을 넓혀 봅시다.

I. 『페스트』와 『모비 딕』을 연결하여 부조리와 반항 생각해 보기

카뮈는 『페스트』에 대한 구상과 집필을 구체화하면서 다른 작가들의 여러 작품을 탐독한 것으로 알려져 있습니다. 특히 『모비 딕』에 대해서는 매우 상세한 메모를 남겼습니다. '『모비 딕』과 상징'이라는 말과 함께 24개나 되는 쪽을 일일이 표해 놓고, '여러 가지 감정, 이미지는 철학을 열 배로 확대한다'라는 문장을 덧붙였습니다.

『모비 딕』의 어떤 면이 카뮈의 관심과 흥미를 끌었을까요? 어떤 장면들이 『페스트』를 쓰는 데 아이디어와 고민거리들을 안겨 주었을까요? 우리도 카뮈처럼 관심과 애정을 가지고 『모비 딕』에 대해 알아봅시다. 『모비 딕』을 직접 읽어 보아도 좋고, 관련된 이야기나 영화와 영상 자료 등을 찾아보아도 좋습니다. 우리는 그 속에서 무엇을 발견하게 될까요? 페스트와 연결 지을 만한 단서를 찾아 봅시다.

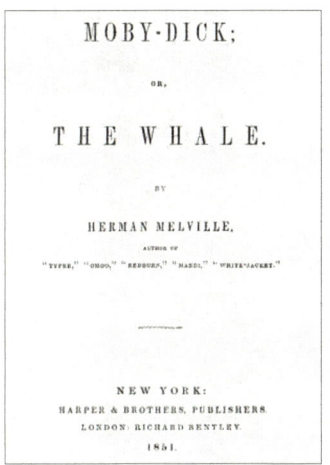

2. 『페스트』를 바탕으로 현시대의 부조리 탐색하기

2019년 겨울 발병한 코로나19는 페스트나 스페인 독감을 넘어서는 엄청난 파괴력으로 전 세계를 불안과 공포에 몰아넣었습니다. 엔데믹(고유의, 고질적인, 풍토적인) 선언 이후 지금은 안정적으로 관리되고 있지만, 변이와 새로운 질병 출현의 우려는 여전합니다. 현재 인류는 다양한 전염병의 출현과 이례적인 확산, 급격한 기후 변화 등 엄청난 위기에 직면해 있습니다.

사람들을 공포에 떨게 만드는 상황(질병, 자연재해, 전쟁 등) 속에서 우리는 무엇을 고민하고 어떤 준비를 해야 하는 것일까요? 다음 기사를 읽고 생각을 나누어 봅시다.

우리 일상 모든 것 바꾼 '코로나19'…1년의 기록
정책브리핑, 김차경

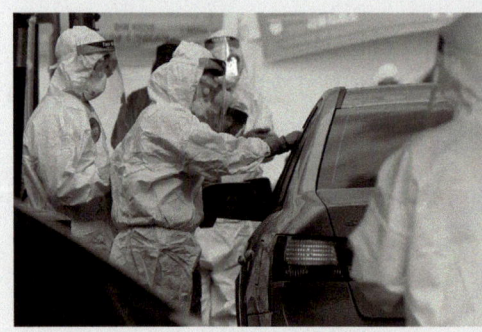 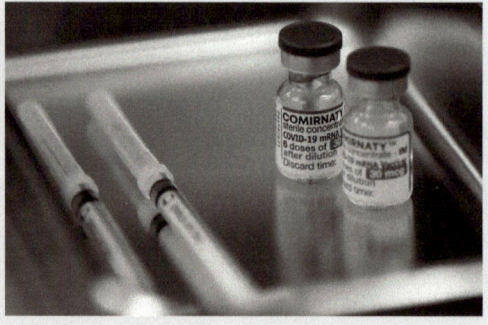

국내 코로나19 환자는 지난 1월 20일 처음 발생했다. 첫 번째 확진자는 중국 후베이성 우한에서 들어온 중국인 여성이었다. 이후 약 한 달여간 30명에 불과했던 확진자는 2월 18일 신천지대구교회 신도인 '31번째 환자'가 나온 이후 급증했다. 확진자 수가 하루에 수십, 수백 명 단위로 가파르게 증가하면서 한 달 만에 대구·경북 지역의 누적확진자는 약 8000명으로 늘었다. 국내 코로나19의 1차 대유행이 있었던 이 시기, 우리나라의 누적 확진자 수는 코로나19가 시작된 중국에 이어 전 세계 2위를 기록할 정도였다. 각국은 중국과 함께 우리나라를 위험국으로 분류하기도 했다. 치료제도 예방 백신도 없는 전무후무한 신종 감염병의 전 세계적 확산세는 걷잡을 수 없이 가팔랐다. 결국 지난 3월 12일(한국시간) 세계보건기구(WHO)는 코로나19에 대해 '세계적 대유행(팬데믹, pandemic)'을 공식 선언했다. 당시 110여 개국에서 12만여 명이 코로나19에 확진된 상황이었다. 무방비 상태에서 맞닥뜨린 신종 감염병에 각국은 국경 문을 걸어 잠갔고 자국민들의 이동을 제한했다. 바이러스의 유입을 막기 위한 강력한 조치방법으로 봉쇄의 카드를 꺼내들 수밖에 없었다. 대한민국은 불필요한 접촉을 줄여 차량에 탑승한 채로 감염병 검사를 받는 승차 검진(드라이브 스루) 선별진료소, 신속하게 확진자를 찾아내는 진단키트, 병상이 부족한 상황에서 가벼운 증상의 확진자를 치료하기 위한 생활치료센터 등은 세계의 주목을 받았다. 끝이 보이지 않는 코로나19 사태 속에서 각국은 봉쇄 정책을 강화하는 등 유행을 통제하고 있으나 코로나19의 높은 전염력과 전파력에 여전히 어려움을 겪고 있다. 실제로 전 세계 코로나19 누적확진자 수는 12월 18일 기준, 7500만명에 육박했다. 1일 확진자수도 68만여 명으로 기세가 수그러들지 않고 있다. 전 세계에서 누적확진자와 사망자가 가장 많이 나온 국가인 미국에서는 최근 들어 하루에 20만명에 가까운 코로나19 확진자가 발생하고 있는 상황이다.

국내에서도 코로나19의 장기화로 국민 피로도가 높아지고 바이러스가 생존하기 좋은 겨울이라는 계절적 영향까지 겹치며 지난 11월 이후 다시 확진자가 가파르게 증가하는 추세다. 특히, 특정 집단이나 시설을 중심으로 집단감염이 발생했던 1, 2차 유행과는 달리 최근의 유행은 가족·지인간 모임, 학교, 직장 등 일상 공간을 고리로 확산하는 산발적 소규모 감염형태의 특징을 보이고 있다.

게다가 지난 13일에는 신규 확진자가 1030명을 기록하면서 국내 코로나19 유행 이래 처음으로 하루 확진자가 1000명 선을 넘었다. 규모나 범위 면에서 2차 유행은 물론 1차 대유행을 크게 뛰어넘는 모습이다. 매 고비마다 특유의 위기극복 능력을 보여온 우리나라가 3번째 대유행이라 불릴 만한 고비를 또 다시 겪고 있다.

대한민국 정책브리핑(www.korea.kr/2020. 11.)

기후위기로 극심한 위험에 노출된 어린이 10억 명
유니세프(2021. 08. 23.)

기후위기로 인한 어린이 피해를 포괄적으로 분석한 「기후위기는 아동권리 위기: 기후 위험 지수」(2021년, 8월 20일 뉴욕 발표)라는 보고서에 따르면, 전 세계 어린이 22억 명 중 절반에 가까운 약 10억 명의 어린이들이 '극도의 고위험'으로 분류되는 33국에 살고 있다. 33개국의 어린이들은 기후위기를 비롯해 식수와 위생, 보건, 교육 등 필수 서비스까지 제대로 받지 못해 복합적인 위험 요인에 놓인 것으로 나타났다. 기후위기가 더 심각해지면 전 세계 대부분의 어린이가 기후 및 환경 위험에 처할 수 있고, 위험이 복합적이고 종합적으로 발생하는 나라들의 어린이 빈곤은 더욱 심화, 가속화될 것이다.

　해안 홍수 노출 위험도가 높은 어린이 2억 4천만 명
　하천 홍수 노출 위험도가 높은 어린이 3억 3천만 명
　사이클론 노출 위험도가 높은 어린이 4억 명
　납 오염 노출 위험도가 높은 어린이 8억 1천 5백만 명
　폭염 피해 위험도가 높은 어린이 8억 2천만 명
　물 부족 피해 위험도가 높은 어린이 9억 2천만 명
　과도한 대기오염 피해 위험도가 높은 어린이 10억 명

　[어린이 기후 위험 지수(Children's Climate Risk Index, CCRI)]

※ 본 자료는 유니세프가 배포한 뉴스를 발췌 편집한 것입니다.

　카뮈는 페스트라는 부조리 속에서 인간이 어떻게 살아야 하는지 보여 주고 있습니다. 자신에게 주어진 일을 하고 이웃을 돌보며 서로 협력하는 모습을 통해 부조리에 저항하는 것입니다. 부조리를 벗어날 수 없다 하더라도 부조리에 무릎 꿇지 않고 자신의 몫을 감당하며 살아가야 한다고 말합니다.

　현재 우리 사회에서도 부조리라는 말이 자주 등장합니다. 우리가 접하는 부조리는 비리와 연결되거나 사회와 국가가 해결하기 힘든 문제와 연결되기도 합니다. 물질적 풍요와 굶주림이 공존하는 모습에서 부조리를 떠올리기도 하고 늘어나는 자살률을 통해 부조리를 연상하기도 합니다.

　여러분이 생각하는 부조리는 어떤 모습으로 나타나고 있나요? 여러분은 우리 사회의 부조리한 모습을 보며 어떤 생각을 하나요?

3. 『페스트』를 바탕으로 연대의 가능성 모색하기

카뮈는 페스트에 저항하는 방법의 하나로 연대(連帶)를 말합니다. '연대'란 '여럿이 함께 무슨 일을 하거나 함께 책임을 지는 것'으로 페스트 퇴치를 위해 함께 보건대를 조직하고 역할을 나누어 맡은 일을 충실히 하는 모습에서 연대를 확인할 수 있습니다. 갑자기 닥친 재난 속에서 상황을 회피하거나 끝나기만을 기다리지 말고 스스로 할 수 있는 일을 찾아 이웃과 함께 헤쳐 나가는 것이 부조리한 재난에 대처하는 것이라고 말입니다

오늘날 우리 사회에 발생하는 수많은 논란을 해결하기 위한 방법으로 연대를 고민해 볼 수 있을까요? 연대가 어떤 역할을 하고 어떤 영향력을 발휘할 수 있을지에 대한 생각을 나누어 봅시다.

2025년 1월 도널드 트럼프 미 대통령은 파리기후변화협약에서 탈퇴한다는 서면 통지서를 유엔 기후변화협약 측에 보내도록 지시하는 행정명령을 발령했습니다. 트럼프는 2017년 자국 경제에 부담을 준다는 이유로 파리기후변화협약 탈퇴를 선언하였고 이후 미국은 2020년 파리기후변화협약에서 탈퇴한 바 있습니다. 이후 조 바이든 대통령 당선으로 파리기후변화협약에 공식 복귀했지만 트럼프가 미 대통령 재선에 성공하면서 다시 탈퇴 의사를 밝힌 것입니다.

파리기후변화협약은 교토의정서에 이어 195개 당사국 모두가 온실가스 감축에 동참하는 첫 기후 합의라는 점에서 그 역사적 의미가 있었습니다. 그러나 각국 정상들이 모여 협의하고 결정한 국제 협약을 자국의 이익을 내세워 탈퇴하는 것을 본 사람들은 국제적인 협약이 가지는 의미와 구속력에 의문을 제기할 수밖에 없었습니다.

NGO(Non-governmental organization)는 비정부 비영리 결사체로서 시민의 자발적인 참여로 결성되어 활동하는 단체입니다. 시민들이 연대를 이루어 활동하고 필요한 곳에 유기적으로 도움을 줍니다. 이러한 NGO는 국제기구나 정부의 역할을 대신하게 되는 경우도 있습니다.

　우리는 다양한 위험과 위기에 노출되어 있으며 서로의 도움으로 그것을 극복합니다. 이때 필요한 것 중 하나가 바로 공동체를 구성하는 연대 의식일 것입니다. 여러분은 서로의 아픔을 돌아보며, 함께 살아가기 위해 필요한 것이 무엇이라고 생각하나요? 각자의 자리에서 우리가 할 수 있는 일은 무엇인지 함께 생각해 봅시다.

내면화

논술

서평

▶ 내면화 ◀

I. 논설문 쓰기

① 기본 주제

다음 주제 중 하나를 선택하여 자신의 생각을 논술하세요.

1. 리외와 타루가 페스트를 대하고, 삶을 대하는 태도를 비교하고, 여러분은 누구를 더 지지하는지 자신의 생각을 써 보세요.

2. 리외는 '영웅이라고 부를 만한 예나 모델이 제시되기를 원한다면 그것은 그랑'이라고 말합니다. 리외가 그랑을 꼽은 이유와 오늘날의 그랑은 누구인지 생각을 써 보세요.

3. 오랑시가 페스트를 겪는 과정에서 시민들이 자발적으로 구성한 보건대의 역할은 매우 컸다고 할 수 있습니다. 고난 혹은 재난의 상황에서 보건대와 같은 구성원의 자발적인 연대가 갖는 의미와 역할에 대해 써 보세요.

4. 작품 속에서 서로 충돌하는 가치를 찾아 보세요. 작품 내용을 바탕으로 충돌하는 가치를 설명하고, 어떤 가치가 우선하는지를 써 보세요.

② 심화 주제

1. 아래 문장 중 하나를 골라 책 내용과 연결하여 생각을 써 보세요.

> '인간은 자신이 살아가는 날들의 주인이다.'(「시지프 신화」 본문 中에서)
> '영웅주의는 행복에 대한 고귀한 요구의 뒷자리다.'(『페스트』 본문에서)
> '인간들에게는 멸시할 것들보다 찬미할 것들이 훨씬 더 많다.'(『작가수첩』, 1943년 기록에서)

2. 『페스트』의 마지막 부분을 천천히 다시 읽고, 이 부분을 통해 알 수 있거나, 찾을 수 있는 작품의 메시지를 써 봅시다.

◆ 논설문을 써 봅시다.

주제	
서론	
본론	
결론	

2. 서평 쓰기

『페스트』 서평을 써 봅시다.

서평 제목					
책 제목		저자		출판사	

(이 책의 65쪽 참고)

참고문헌

*기본 도서
『프랑켄슈타인』, 메리 셸리, 문학동네, 2015년
『멋진 신세계』, 올더스 헉슬리, 문예출판사, 2020년
『페스트』, 알베르 카뮈, 문학동네, 2017년

*참고 도서
『프랑켄슈타인』, 메리 셸리, 문예출판사, 2023년
『그리스 로마 신화』, 토마스 불핀치, 홍신문화사, 1991
『아서왕과 원탁의 기사』, 제임스 놀스, 비룡소, 2015년
『노트르담 드 파리』, 빅토르 위고, 동서문화사, 2019
『프랑켄슈타인 콤플렉스』, 오노 슌타로, 에스파스, 2017년
『호모데우스』, 유발 하라리, 김영사, 2017년

『멋진 신세계』, 올더스 헉슬리, 소담출판사, 2018년
『다시 찾아 본 멋진 신세계』, 올더스 헉슬리, 소담출판사, 2015년
『유토피아』, 토머스 모어, 현대지성, 2020년
『템페스트』, 윌리엄 셰익스피어, 문학동네, 2019년
『셰익스피어 4대비극· 5대희극』, 윌리엄 셰익스피어, 아름다운날, 2010년
『타임머신』, 허버트 조지 웰스, 열린책들, 2018년

『페스트』, 알베르 카뮈, 열린책들, 2021
『페스트』, 알베르 카뮈, 문예출판사, 2014
『작가수첩Ⅰ』, 알베르 카뮈, 책세상, 2020년
『작가수첩Ⅱ』, 알베르 카뮈, 책세상, 2022년
『작가수첩Ⅲ』, 알베르 카뮈, 책세상, 2016년
『시지프 신화』, 알베르 카뮈, 책세상, 2017년
『반항하는 인간』, 알베르 카뮈, 책세상, 2018년
『이방인』, 알베르 카뮈, 민음사, 2024년
『역사속의 질병, 사회속의 질병』, 조승열 외, 솔빛길, 2015년
『모비 딕』, 허먼 멜빌, 동서문화사, 2016년